U0010941

世界主題之旅 72

曼谷後花園

華欣泰享受

Hua Hin . Bangko

作者／余能炘

太雅

作者序

我愛旅行，但不愛孤單

　　人生旅途知己難得，猶記得當初第一次我以記者的身份與泰國觀光局處長到華欣採訪，才發現泰國竟然有如此美麗的度假勝地，內心大為感動；而在享受當地美食之時，處長告訴我她對華欣的美麗讚嘆與期望，於是我決定以美麗的貴族之旅為主題，為國人介紹泰國人的世外桃源——華欣。

　　過程中得到友人Sophie、Doris、Christy、泰國金寶旅行社吳明揚總經理的大力協助，在籌劃與採訪時幫助我完成本書，尤其是吳先生對於泰國精緻旅遊的堅持精神相當令我感動，在採訪的過程裡也給我不少鼓勵，讓我深深感到人生知己難得，特別是能給你正面能量的人，也可以說沒有他，就沒有這本書的精彩內容；而美食主義者Sophie，也是一位彩妝大師，本書特別請她客串，完成部分美食篇章的文字，從她的字裡行間，也可看出她眼光的獨到之處。

　　此外，台灣索尼與台灣資生堂對我的協助也不遺餘力，他們提供攝影器材與造型彩妝品，讓畫面充滿時尚與專業感。我始終相信台灣一定有單一作者可以以團隊之姿來完成一本專業主題旅遊書，而不需要孤軍奮戰。

　　在此，我還要感謝帶我入行的旅遊界週刊總編輯歐彥君女士，我跟她因一次偶然結緣，由於她的賞識，讓我可以一窺旅遊的美麗世界；而這本書也是在她不斷鼓勵下才能完成，可說是我生命裡貴人中的貴人。

旅行不是孤單的代名詞，它可以擁有溫暖的溫度。　　　Amphawa安帕瓦水上週末市場寧靜的晨曦，
　　　　　　　　　　　　　　　　　　　　　　　　　　讓時間充滿人情氛圍，我喜歡這樣的情感照片。

去年是我人生最痛苦的時期，恩師優嘉廣告老闆陳雄與最敬愛的母親相繼過世，當時的心情非淚流滿面、心如刀割足以形容。因為陳先生的改變，我才有生存的專業攝影技能；而沒有母親的包容與支持，我人生真不知該如何走下去。此書除了完成陳先生的旅遊之夢，也希望母親在天之靈能陪我一起去旅行。

華欣是我的心靈世界、我的浪漫情懷，希望能藉由自己的專業，將泰國的美好帶給大家。個人用盡所有心力來完成這本書，期望大家在閱讀之時，能真正放下忙碌，開放自己的心，擁抱華欣之美。

余能炘

關於作者

文字與影像工作者／余能炘

專業平面廣告攝影師，涵括精品、美食、人像、空間、飯店專案，作品見於旅遊界週刊、富豪人生、珠寶之星、OUTDOOR 野趣生活家等，同時為CAMERA攝影誌資深技術編輯。並多次受邀至泰國進行採訪拍攝。喜歡泰國人的善良質樸，更愛泰國的設計美學，往往到了當地旅行，就有回到自己家的感受。

編輯室提醒

出發前，請記得利用書上提供的data再一次確認。

每一個城市都是有生命的，會隨著時間不斷成長，「改變」於是成為不可避免的常態，雖然本書的作者與編輯已經盡力，讓書中呈現最新最完整的資訊，但是，我們仍要提醒本書的讀者，必要的時候，請多利用書中的電話及網站，再次確認相關訊息。

資訊不代表對服務品質的背書。

本書作者所提供的飯店、餐廳、商店等等資訊，是作者個人經歷或採訪獲得的資訊，本書作者盡力介紹有特色與價值的旅遊資訊，但是過去有讀者因為店家或機構服務態度不佳，而產生對作者的誤解。敝社申明，「服務」是一種「人為」，作者無法為所有服務生或任何機構的職員背書他們的品行，甚或是費用與服務內容也會隨時間調動，所以，因時因地因人，可能會與作者的體會不同，這也是旅行的特質。請讀者培養電話確認與查詢細節的習慣，來保護自己的權益。

謝謝眾多讀者的來信。

過去太雅旅遊書，透過非常多讀者的來信，得知更多的資訊，甚至幫忙修訂，非常感謝你們幫忙的熱心與愛好旅遊的熱情。歡迎讀者將你所知道的變動後訊息，提供給太雅旅行作家俱樂部

taiya@morningstar.com.tw

太雅旅行作家俱樂部

微笑泰國，超值旅遊，泰國總有新遊趣

　　泰國是台灣朋友熟悉且喜歡的國家，但有些景緻清幽、風光迷人的景點卻是台灣旅客尚未發現的。得到皇室青睞的華欣就是個桃花源，距離曼谷3小時車程，以悠閒的度假氛圍、高級的五星酒店、傳統與現代結合的精緻美食、舒解身心靈壓力的Spa療程，深受皇室及追求悠閒度假者的喜愛。這裡沒有城市的喧擾，微風輕吹椰影搖曳的海灘，轉眼間滿身的煩擾皆被抽離，只留下寧靜安詳的快樂心靈，這麼一個皇家級的高級度假祕境，現在正伸出溫暖的雙臂等著擁您入懷。

　　泰國觀光局台北辦事處認為，要促使人們到各國去旅行，旅遊景點的創新及資訊的提供是必需的，最重要的是對旅行者有直接的幫助，讓大家享受旅遊途中的舒適、便利，並且能滿足和留下深刻的回憶。

　　余能炘先生所編寫的這本華欣旅遊書，非常適合尋求寧靜悠閒風的旅遊愛好者，書中對於華欣的景點、住宿、餐飲、Spa……等介紹非常巨細靡遺，多元的內容與獨特的編排方式，加上身歷其境的精彩圖片導覽，將華欣的獨特性充分展現在讀者面前，讓想要到華欣的遊客可以輕鬆前往、好好度假。

　　本人僅代表泰國觀光局感謝大家選擇到泰國旅遊，相信這個充滿微笑、溫馨和超值的國家，在不久的將來有機會迎接您的范臨，以竭誠的服務，讓您留下永遠難忘的美好回憶。

　　　祝您幸福圓滿

　　　　　　泰國觀光局台北辦事處
　　　　　　處長　紀綺佳

　　　　　　Kittih G

品·味·飛·凡

http://dp.china-airlines.com

尊｜爵｜精｜緻｜旅｜遊

促銷期間：即日起至 **2012/3/31**日止

🌸 高人一等的禮遇：來回商務艙總裁級服務，賓至如歸的享受！

🌸 華夏會員購買尊爵精緻旅遊可享香港/新加坡/關島/東京/上海/北京/曼谷：每人TWD500 歐胡島：每人TWD1000現金折扣

香港 2天1夜	北京 3天2夜	關島 5天3夜	新加坡 3天2夜
商務艙機票＋飯店1夜住宿＋機場至飯店來回接送機服務	商務艙機票＋飯店2夜住宿＋每日早餐＋首都機場至飯店來回專人專車(BENZ/BMW)接送機服務及迎賓禮	商務艙機票＋飯店3夜住宿＋每日早餐＋機場至飯店直達來回接送機服務	商務艙機票＋飯店2夜住宿＋每日早餐＋機場至飯店來回賓士車接送機服務

東京 3天2夜	上海 3天2夜	夏威夷·歐胡島 5天3夜	曼谷 3天2夜
商務艙機票＋東京市區飯店2夜住宿＋每日早餐(虹夕諾雅輕井澤售價不含餐)	商務艙機票＋飯店2夜住宿＋每日早餐＋機場至飯店來回接送服務及迎賓禮	商務艙機票＋飯店3夜住宿＋每日早餐＋加長型禮車接送機＋中文導覽服務(含歐胡島珍珠港＆檀香山半日市區觀光)	商務艙機票＋飯店2夜住宿＋每日早餐＋機場至飯店來回接送機服務

詳細價格與票期以華航實際公告為準，若遇變動恕不另行通知，詳情請洽華航網站或各大旅行社。

華航精緻旅遊　搜尋

目錄CONTENTS

＊Sophie美食文字協力：Ciao Italian、洲際飯店Felicita餐廳、Rim Nam、White Lotus Restaurant、
Sang Thai seafood restaurant Hua-Hin、Asara Thai Bistro、Rest Scene、銷魂鴨肉麵、正盛、張家魚丸麵

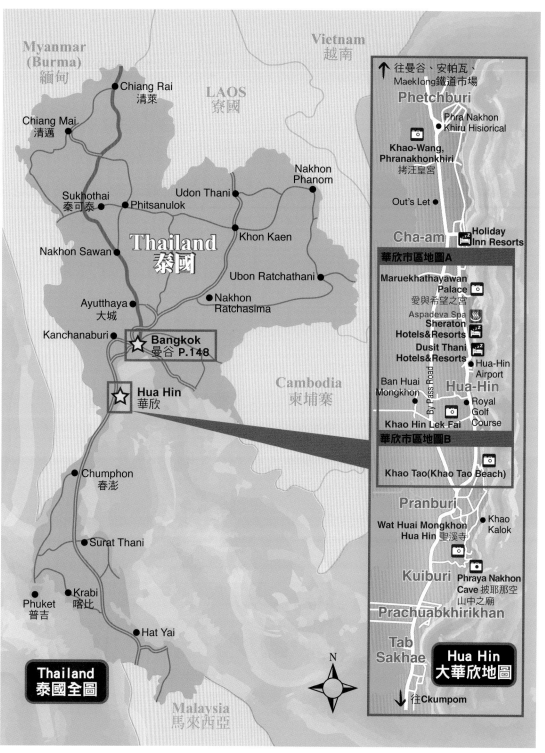

Myanmar
(Burma)
緬甸

Chiang Rai
清萊

LAOS
寮國

Vietnam
越南

Chiang Mai
清邁

Sukhothai
泰可泰
Phitsanulok

Udon Thani

Nakhon
Phanom

Nakhon Sawan

Khon Kaen

Thailand
泰國

Ubon Ratchathani

Ayutthaya
大城

Nakhon
Ratchasima

Kanchanaburi

Bangkok
曼谷 P.148

Cambodia
柬埔寨

Hua Hin
華欣

Chumphon
春澎

Surat Thani

Krabi
喀比

Phuket
普吉

Hat Yai

N

Thailand
泰國全圖

Malaysia
馬來西亞

往曼谷、安帕瓦、
Maeklong鐵道市場

Phetchburi

Phra Nakhon
Khiru Hisiorical

Khao-Wang,
Phranakhonkhiri
拷汪皇宮

Out's Let

Cha-am

Holiday
Inn Resorts

華欣市區地圖A

Maruekhathayawan
Palace
愛與希望之宮

Aspadeva Spa

Sheraton
Hotels&Resorts

Dusit Thani
Hotels&Resorts

Hua-Hin
Airport

Ban Huai
Mongkhon

Hua-Hin

Royal
Golf
Course

Khao Hin Lek Fai

華欣市區地圖B

Khao Tao(Khao Tao Beach)

Pranburi

Khao
Kalok

Wat Huai Mongkhon
Hua Hin 聖溪寺

Kuiburi

Phraya Nakhon
Cave 披耶那空
山中之廟

Prachuabkhirikhan

Tab
Sakhae

Hua Hin
大華欣地圖

往Ckumpom

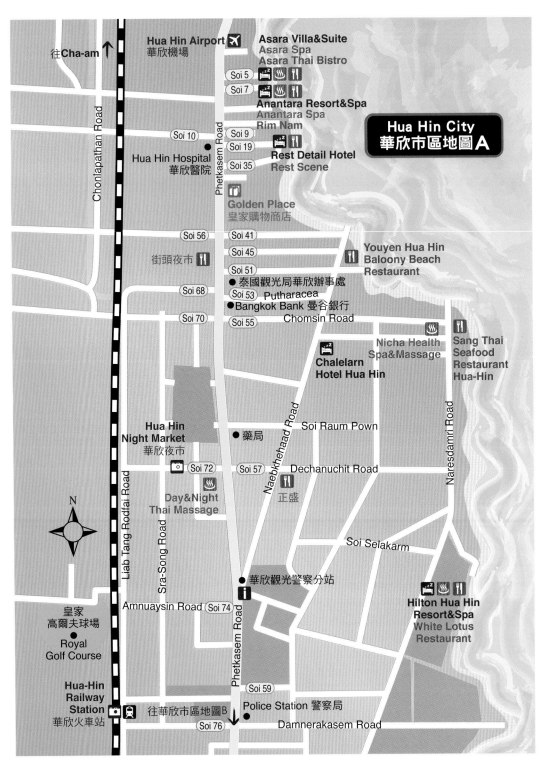

往Cha-am ↑

Hua Hin Airport ✈
華欣機場

Asara Villa&Suite
Asara Spa
Asara Thai Bistro

Chonlapathan Road

Phetkasem Road

Soi 5
Soi 7

Anantara Resort&Spa
Anantara Spa
Rim Nam

Hua Hin City
華欣市區地圖A

Soi 10

Soi 9
Soi 19

Hua Hin Hospital
華欣醫院

Soi 35

Rest Detail Hotel
Rest Scene

Golden Place
皇家購物商店

Soi 56
街頭夜市 🍴

Soi 41
Soi 45

Youyen Hua Hin 🍴
Baloony Beach
Restaurant

Soi 51

Soi 68

● 泰國觀光局華欣辦事處

Soi 53 Putharacea

Soi 70

●Bangkok Bank 曼谷銀行

Soi 55

Chomsin Road

Nicha Health
Spa&Massage

Sang Thai
Seafood
Restaurant
Hua-Hin

Chalelarn
Hotel Hua Hin

Naresdamri Road

Hua Hin
Night Market
華欣夜市

● 藥局

Soi Raum Pown

Naebkhehaad Road

Soi 72
Soi 57

Dechanuchit Road
正盛

Day&Night
Thai Massage

N

Soi Selakarm

Liab Tang Rodfai Road

Sra-Song Road

● 華欣觀光警察分站
ℹ

Hilton Hua Hin
Resort&Spa
White Lotus
Restaurant

皇家
高爾夫球場
●
Royal
Golf Course

Amnuaysin Road Soi 74

Phetkasem Road

Hua-Hin
Railway
Station
華欣火車站

Soi 59

往華欣市區地圖B ↓

● Police Station 警察局

Soi 76

Damnerakasem Road

12

Hua-Hin Railway Station 華欣火車站

Liab Tang Rodfai Road

Soi 76

Soi 78

Soi 80

Soi 88

Soi 98

Soi 106

Soi 108

Soi 112

Soi 97

Phetkasem Road

往華欣市區地圖A

Police Station 警察局

Post Station 郵局

Il Gelato Italiano

銷魂鴨肉麵

Damnernkasem Road

Sofitel Luxury Hotels

Naresdamri Road

Hua Hin City
華欣市區地圖 B

Soi 65

Grand Night

Hua Hin Marriott Resort&Spa
Mandara Spa
Ciao Italian / Sala Thai Restaurant

Hua Hin Market Village
華欣購物中心

張家魚丸麵

Nicha Hua Hin

Intercontinental Hotels&Resorts
洲際Spa
洲際飯店Felicita餐廳

Baan Ma-Kham

Fly Over

Khao Takiab Temple

N

往Pranburi / Prachuabkhirkhan

13

華欣

Villa

Spa

Travel

Food

華欣的現在、過去、未來

已有百年歷史的華欣(Hua Hin)是由白淨沙灘與岩石沙礫所組成的美麗海灘,不但是泰國第一個海灘度假勝地,也是泰國人遠離曼谷喧囂的度假去處。華欣位在首都曼谷西南部約195公里處,車程大約3小時左右,隸屬泰國巴蜀府(Prachuap Khiri Khan)。巴蜀府面積6,367.62平方公里,地形狹長,南北直徑212公里,東邊海岸線長約224.8公里,南邊與春澎府(Chumphon)相連、西邊與緬甸邊境相連、北邊則鄰碧差武裡府(Phetchaburi),該府人口約504,063人(西元2009年官方統計資料),華欣縣面積72平方公里,當地人口55,415人(2010年8月31日人口統計)。

華欣是因1910年的Chakrabongse王子才開始跟皇室有關聯,當時他正在森林狩獵,突然發現一處迷人的海灘,大為讚嘆,並在此興建了Chakrabongse宮,直到要興建飯店時才拆除。

曼谷至華欣途中會經過泰王拉瑪四世皇(電影《國王與我》的故事主角)所建立,地位與曼谷皇宮同等級的「Khao-Wang, Phranakhonkhiri拷汪皇宮」;五世皇則建造了「塝錚(德式)行宮」;六世皇為愛妃建立「Mrigadayavan

Palace愛與希望之宮」；七世皇也建了「Klaikangwon遠悠之宮」，即現在九世皇常駐的行宮(行宮與皇宮的等級不同，行宮類似國王短暫度假的居所，而皇宮則是國王長期的居住地)，在在說明了華欣歷經數代國王的喜愛，也擁有著風格獨具、吸引人的優雅度假氣氛。

華欣擁有密集的國際五星酒店與Spa、高爾夫球場，當地常舉辦如高爾夫球節與2010年9月初舉辦的Spa比賽……等各式各樣常態性活動，都為華欣增添了不少年輕活力。此外，曼谷到華欣沿途會經過水上市集「Amphawa安帕瓦水上週末市場」，除了可享受水上人家的美食饗宴，河道兩旁的廊道還可駐足欣賞落日；夜晚，搭著輕舟木船，河水的浪花與微風不時輕拂臉龐，抒放了最寧靜的自在。當木船開到河道旁的隱密叢林裡，隱隱約約出現了閃爍的光點，原來是螢火蟲！

另外，還有佛統大塔、玫瑰花園、三攀象戰場、碧差武裡(Phetchaburi)的猴山洞、多處已開放參觀的皇室行宮……等景點，一定會讓你愛上這裡悠閒無憂的迷人天空，並勾勒出一條輕盈的雲彩，化為自在的弧線。

華欣的迷與戀

泰國沒有一個地方像華欣一樣，生活安全度高外，小小的市區還擁有如Marriott、Anantara、喜來登、洲際飯店……等眾多的Villa，可說是能享受慢活生活、體驗泰式服務的最佳去處，無怪乎成為北歐人士的泰國度假區首選。

美食天堂從夜市開始！享受海岸城市的海鮮美食，把酸、辣、甜的滋味發揮到極限，創意十足；Villa裡也能享受頂尖的大師私密料理，餐餐味美令人難以忘懷，讓旅行即是生活、生活即在旅行。

泰國最佳的Spa都集中在華欣，好
到讓你天天都想做Spa；從四手按
摩到草藥去角質，產品的多樣性
讓人眼花撩亂，選個面海的View
來犒賞自己，讓身心自在快活！

美麗世界，皇家風範，在華欣說
是貴族式的度假一點也不為過！
你可以看看皇室庭園設計，欣賞
設計之美，還能飽覽拉瑪國王們
的傳奇與浪漫故事。也有輕鬆自
在的腳踏車旅程，能探訪國家公
園與皇家廟宇，欣賞美麗的紅樹
林景色，累了還可以在沙灘上騎
著駿馬沿海岸線奔馳，讓海風吹
拂身心。

料理學校，美味人生，看著別人下廚是否自己也心癢癢呢？
讓帥哥美女主廚帶你進入泰式料理的世界吧！
不懂沒關係，會有人從帶你逛菜市場開始，認識不同的食材
與調味料；不會沒問題，會有最基本的料理課程讓你克服對
廚房的恐懼，並進而愛上它。來自世界各地的人齊聚一堂，
讓分享成為快樂，輕鬆自在地來場國際交流，這是華欣，也
是你的家。

Villa

在華欣，各家Villa爭奇鬥艷，不管是度假型、飯店集合式、
亦或是走設計風類型的Villa，豐富多樣，能滿足不同族群需求。
在自由行盛行的風氣下，除了可以在華欣享受慢活的生活步調，
不妨也把Villa當成是生活的一部分，細細品味它所帶來的各種美好。

Intercontinental Hotels & Resorts

律動搖擺的空間擺設

　　這是間會讓人內心澎湃的Villa，讓我印象非常深
刻。純以視覺性來說，設計師的設計手法相當大膽，
將木材以彎曲折線的方式，延展出蜿蜒的線條與建築
的弧度張力，視覺的點從門往後穿透，誇張的透視感
不斷吸引我的感官，即便已是第二次來訪，感受仍非
筆墨所能形容。

藝術元素豐富的美學空間

　　別以為視覺饗宴僅僅於此，走進Lobby(大廳)後更
會引起你內心的悸動。設計師在大廳中央崁入了直束
開口的輕薄泰絲，從2樓延伸至1樓，並在1樓底層放
置透明玻璃花束與空盆栽，做出簡明與多層鮮豔色彩
的相對性韻味，如同陽光灑進花蕊般，讓空間充滿了
芬芳氣味的想像；泰絲伴隨室內氣流的風動，展現出
柔紗搖曳的韻律感。

　　靠近邊牆的部分是以看似半透明的背景與規則
化的紋路雕琢而成，這紋路若從不同的角度看，久了
會有視覺的像差，好像在看萬花筒一般，不同的切面
會有相異的反差；櫃台邊牆前方則擺設了精品琉璃櫃
坊，運用簡單的Spot Light(投射燈)將藏於琉璃的透明
光澤給顯露出來，豐富的藝術元素讓人不需複雜的想
像，就能表現出留連佇足的空間美學。

視野廣闊的簡潔室外空間

　　戶外空間採取另一個更新穎的觀念來處理，U型空間的中間空白部分是休閒廊道，兩側延伸線植栽樹林，作為與住宿區的區隔。由於設計師將廊道的空間採取更大範疇的廣闊視野規劃，因此整個建築線條都是簡單不複雜的，如泳池區域中用彎曲的木廊走道與池水做出線面的接觸，並以岩石做為步階，運用飄浮的概念，將休息的地方設立於水面上。

開放式房室饒富趣味

　　住房部分，白色是基本色系，牆面採內凹設計，並懸掛4幅畫作，使之更加顯眼。由於採開放式的處理，故浴室玄關處可以全部開啟，而浴室與床鋪間則運用了簡單移動式門窗區隔，滿足隱密性的需求。有趣的是，床頭兩旁還有被「吊」起來的床頭燈，只是延伸的長度有點過度，會讓人有萬一重心不穩掉下來的擔憂。

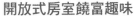

"利用懸浮的概念，讓建築呈現出四度空間的美感，身處其中會有種開闊的心境。"

拈筆隨記

年輕的飯店比老飯店更倍受挑戰，不論是服務、餐點、亦或是住宿上的細節，一開始要帶出自己的飯店文化是不容易的。但，有沒有給人「家」的感覺卻是可以最先被完成的基本要素。我覺得「人」才是真正的重點，有沒有把遊客當成自己的家人般看待，這些才是影響我對飯店的觀感。Intercontinental Hotels & Resorts之所以會吸引我，除了建築之外，主要還是它給予每個人偌大的生活空間，讓人可以很隱密的在此享受生活。

貼心與微笑，是我在泰國多年旅遊以來的不變印象，即使是住在一間非常普通的民宿，這樣的精神還是存在，這也是台灣觀光業需要學習的地方。

Data

Intercontinental Hotels & Resorts
地址：33/33 Petchkasem Road,
Prachuabkhirikhan Hua Hin 77110,
Thailand
電話：+66(0)3261-6999
傳真：+66(0)3261-6555
網址：www.ichotelsgroup.com/
intercontinental/en/gb/locations/
huahin

木棧道雅砌湖岸生活美學

Asara Villa & Suite

Bossanova的熱情自在，薈萃出生活的美好

從進入Lobby(大廳)時就可看出Asara宮廷輔以城
堡的印象式規劃，大樑大柱、暖色系色彩，以時尚生
活美學為本，綴以泰國民間藝品，座椅、裝飾擺設、
沙發的選擇都營造出浪漫的氛圍，緩慢了旅人的生活
步調，並溫熱了旅人的心。

連棟設計的標準房型，同一區域內的門是相通
的，只要走出陽台，不遠處的左右側就會有門讓你打
開通往隔壁(當然也需要對方同時開啟)。開放式的設
計，擴展了空間想像，不受一般傳統飯店空間的拘泥
束縛，讓「家」的概念回歸到自身的居家文化裡。

打開房門，導引你視覺的是輕盈自在的米白色系
沙發區，低調的色彩帶點樂活的特性，讓人卸下雙肩
的壓力。屋內僅簡單放置了音響、電視、咖啡……等
用品，播放著帶有揉和了巴西森巴舞和美國酷派爵士
的Bossanova，延伸出不同的生活愜意感。

水流身形意自在

採開放式設計的淋浴空間，僅用活動式木牆做為
區隔，隔牆間隱藏了衣服收納空間與梯形物品架，中
間並置放了橫條式鏤空座椅；為了營造浪漫的氣氛，
浴缸中間也擺放了橫條鏤空木架座椅及烙鐵式古典油
燈，若再輔以美酒，身心都能得到最好的舒展。

泰式禪意的微酸滋味

　　泰式禪意的戶外空間混合了陽光、海水、河水 3 種元素，輕啜一口飲料，嘴角間的微酸水果味更顯曼妙；倘若心境已然，以坐禪的靜心更能體會出 Asara 帶來的時尚雅砌美學。

　　整體來説，Asara 的空間氛圍採用熱帶叢林的視覺引導，不管是房間或是其他區域，均運用大量的林木植栽降低燥熱煩悶之感，再結合運河的降溫概念，把河水引流在住宿區前並布植水草植物，營造水波光影折射的感覺，把生活區域拉出封閉空間，遂生出沉靜內斂的氛圍，讓你生活在自然的國度，點出 Asara 想要營造的熱情美好。

香檳、陽光、浪花聲，提升用餐的愉悅感受

　　Asara有3個用餐處，主要用餐的地方位於海濱，由泰國知名設計師Kampu所設計，是一個全天候的餐廳，梯前的左右側是環繞式沙發，往上則是一般座椅的用餐空間，光線能直入廳內，但也在門口兩側做了簾幕設計，拉下後能遮蔽陽光，還有防雨的功用。

雨後的閱讀饗宴

　　準備回房的途中，突然下起大雨，正猶豫要在哪裡休息時，飯店的人員帶我們到海濱餐廳旁的圖書室。方正格局的偌大空間，土黃色系的沙發軟硬度適宜，在坐下的片刻，服務人員即詢問我需要什麼，簡單的下午茶卻充滿貼心的感受。

> **"** 海灘的搖床可讓你站著、躺著、坐著、趴著；讓輕盈的軟墊釋放肩上的壓力，抒放身、心、靈。**"**

拈筆隨記

筆者發現華欣的許多Villa都很喜歡交錯式的空間規劃，讓人有進入迷宮的錯覺，有時我對這種過於複雜的設計還真的有點感冒，撇開好的空間概念不說，光要找到自己的家就不容易了。

Data

Asara Villa & Suite
地址：53 Hua Hin Soi 5 Prachuab
Kirikhan 77110, Thailand
電話：+66(0)3254-7555
傳真：+66(0)3254-7762
E-mail：info@asaravillaandsuite.com
網址：www.asaravillaandsuite.com

經典泰式復古時尚風情

Hua Hin Marriott Resort & Spa

空間綻放繽紛色彩

　　Marriott的空間是饒富趣味的，設計師的巧思將大自然的生命萬物融為可想像的空間點綴，從大廳開始就有個偌大的搖搖椅供旅客休息，中間圓桌擺上盆栽與櫃檯動線做區隔，上方吊燈則有點類似水母吶吐的漂浮形狀。

　　場景延伸下去，往右走是另外一個遊客休息室「Upper Lobby」，為中間採六邊型簍筐的木樑式園亭，橫樑同樣吊掛著水母型造型燈飾，沙發則置放著些許抱枕，周遭環繞的樹林緩和了刺眼的光線並轉化成柔和的午後陽光，清晰的空氣劃過臉龐，讓人不會感到沉悶。

　　比較有意思的是庭園旁的鸚鵡，我真的很喜歡園林中有生命互動的感覺，才會有真正屬於它的風格味道，讓人在泰式的園林中有真實的存在感。或許這是個人對庭園設計的觀感，再多更優秀的設計都有，但就不過是個生冷冷的空間與木訥的色彩，無法提升到另一個靈性層次，倘若可添增不同的元素，哪怕是一隻色彩斑斕的小鳥，也能更豐富畫面。不過，這鸚鵡的脾氣可能不大好，讀者們還是要小心一點。

雅致庭園揉和心情溫度

　　花兒、草叢、綠葉，伴隨著清
澈的水流，將人帶入輕度假的空間
裡；映入眼簾的，是揉合泰式與西
式庭園的設計，俯視空景，Marriott
用U型放射的方式來規劃空間，大
量的庭園造景突顯了飯店經營者對
泰國傳統文化的尊重。設計師展現
了協調性，設計出不同的庭園主
題，主要庭園「Tropical Garden」
將傳統泰式建築結合了小橋流水，
讓空間層次感更柔潤；而靠近海邊
的「Sala Garden」，結合潔白的沙
灘、蔚藍的天空與雲彩，撲鼻而來
的是海風的味道，有著不同的沉靜
感受，是個很適合打坐或是舒緩情
緒的地方。

　　Marriott的空間是多元的，它寧
願犧牲些空間也要讓度假者寬心，
雖然一開始會給人錯綜複雜的感
受，但久了你就會喜歡上它以自然
為本的理念。當然，若方向指標可
以更明顯些，我想就更理想了。

Data

Hua Hin Marriott Resort & Spa
地址：107/1 Phetkasem Beach Road
Hua Hin 77110, Thailand
電話：+66(0)3251-1881
傳真：+66(0)3251-2422
網址：www.marriott.com/hotels/
hotel-photos/hhqmc-hua-hin-marriott-
resort-and-spa

迷人的髮香氣味

　　Marriott的基本房型採暖色系處理，呼應了庭園造景的自然氣韻；牆面設計採用Y型的多邊切面，門廊開口就是海邊，可將熱氣流引進屋內並降低濕氣，也沖淡了木頭與棉質混合的氣味。房內使用泰國原木裝潢，綴有藤製座椅，床頭上的牆面掛有泰國民情風景圖畫，塑造出休閒的寧靜感。房間的空間運用較不壓迫，只是受行李刮傷的地板痕跡，在開啟燈光後容易反光，會影響整體房間帶給人的視覺舒適感。

　　特別的是，盥洗用品是Marriott自行生產的，以筆者油性的髮質來說，洗後不會帶有乾澀的感覺，且髮精香味迷人，使我覺得Marriott不但擅長營造出其專屬的Villa風，在純粹生活習慣上也給人細膩貼心的感受。

拈筆隨記

Spa館旁有個半露天的偌大廁所，坐在馬桶上就可看見藍天，用起來還真讓人害羞。由此可知，泰國人不只把上廁所當成生活的一部分，並講究它、享受它。

心情手札

丟開設計本位，用簡單的生活概念
看看在身邊的事物，
會發現原來設計不只是設計，
而是早已深植在民間；
無須文章、媒體的吹捧，
這些就在你生活的周遭。

記錄屬於你的心情手札：

流水與陽光灑落的祕境旅店

Anantara Resort & Spa

輕柔絲綢，思古幽情的原生文化

撤開本書立場，Anantara是我個人最喜歡的飯店，甚至可以說是最愛！

「Anantara」是印度梵文，字意是「Without end」，即「沒有結束」之意。它隸屬於GHA(Global Hotel Alliance)全球飯店聯盟，以今日的拓展規模看來，實屬世界最大的飯店集團之一。

Anantara是該集團首間在華欣設立的度假飯店，成立於西元2001年，是一個以泰國歷史文化為藍本所設計的休閒飯店。讀者讀到此應該會有種似曾相識的感覺，沒錯，上一篇所介紹的Hua Hin Marriott Resort & Spa也是該飯店的成員之一，所以設計上也秉持著泰國文化的精神，只是Anantara的設計較為年輕有活力，並在格局中可看見更原始的風貌。

原始部落般的自然角落

一走進，會讓人有身在原始部落的錯覺，復而巡訪，立於夜晚的火燄閃爍著炙熱的光芒，欣賞著石雕大象塑像，宛如在看古版畫一樣，讓每個建築的角落都活躍起來；瓦岩古香，深沉中帶點思古幽情的味道。

　　沿途也可發現設計師想要表達的幽默,如先看到小朋友相伴的造型石像,接著又會看到兩隻像在對話又像在競爭的烏龜。這般意境的表達,參透了些會,我想就是象徵著泰國人慢條斯理的生活哲學精神吧。

多樣化的視覺饗宴

　　打開門,若干荷葉飄浮在水面上,湖畔混合著泥土味,以池內的水生植物為區分點,將兩棟Lagoon Room(湖景房)隔開;房間的設計使用了大量的原木,在方正的格局裡,靠近床櫃上方的牆面綴有磚塊式的木紋拼貼圖,且於前方橫豎掛著泰絲綢緞,輕柔的質感緩和了沉重的原木色彩,讓整體的視覺多樣化。

另外，房內還置放了類似非洲草原部落風造型的偌大木椅，原野的氣味讓人自然而然的驅前入坐，座椅的軟墊吸附著壓力，舒緩了疲憊的身軀。

週末是狂歡的開始

我們碰巧遇到沙灘週五的BBQ派對，Anantara除了本身即有的餐飲活動外，還會幫慶祝者規劃夜晚的生日Party或是婚禮，我覺得這樣的專業團隊與道地服務精神，就是泰國觀光產業的特質。此外，友人Sophie為了彌補之前未在華欣沙灘上騎馬奔馳之憾，在氣氛特好的時候，鼓起勇氣，一個人挑戰了單槍匹馬的快感。

幕後花絮

晚間Check-In完後，飯店的人員突然走進來，納悶著發生了什麼事？原來他正要準備做「開房」的儀式。開房！？大家可別想歪了，這裡的開房跟台灣的開房意思不同，泰國的「開房」是指房間已經全部整理好，所以服務生會用毛巾摺大象做為象徵。當然，開房的動作還是端視每間飯店的做法，摺的東西也不盡相同。不過，筆者拍旅遊這麼久了，這還是第一次看到開房儀式。

> 當旅行已不再是流浪，Villa也不再扮演過客的角色。

Data

Anantara Resort & Spa

地址：43/1 Phetkasem Beach
Road Hua Hin 77110, Thailand
電話：+66(0)3252-0250
傳真：+66(0)3252-0259
E-mail：huahin@anantara.com
網址：huahin.anantara.com

❝ 陽光、綠葉、石板混合著清晨的清新空氣，這是漫步的開始。❞

雅客精品，莞爾風趣

Rest Detail Hotel

年輕、潮流、多變，以快樂為心

　　「三隻猴子？！」一開始從泰國朋友的口中聽到這名稱，差點沒把口中的零嘴給吐出來，真的太好笑了！倘若從飯店的英文字意解釋，就是「以細膩的服務精神，提供旅客最好的度假心情」；再加上這令人莞爾一笑的飯店設計圖樣——非禮勿視、非禮勿聽、非禮勿言，看得出飯店的精神是年輕、潮流、多變，並以快樂的心情為遊客規劃經營。

　　Rest在建築設計上也頗具特色，在入口石牆與建物前方設置了柵欄的立體框架，勾勒出空間線條、提升建物的漸次與空間的立體感，並運用岩磚做為主要建材，形塑了穩定力量；而建物空間的規劃則採用鏤空開放的設計，光線先將空間的明亮感鋪陳出來，並引風入內，降低耗能。

住房兼具童趣與雅痞風格

　　Rest共有5種房型，分成主建築體的精品住宿區與Villa區兩大塊。以前者來說，整體設計以簡馭繁，以猴子手持門牌的房門號碼牌做視覺區別，並以轉盤的設計表示房間目前的狀況，後者外型類似小精靈的開口笑，饒富趣味。此外，設計師運用iPod的蘋果元素吸引目光焦點，並在房內天花板設計立體圖樣，於四周鑲嵌放射燈光；空間色彩則運用淺色系把都會雅痞風帶入房內，在在都很貼近年輕人的心。

分區明顯、動線流暢

　　動線上，主建築除了設置電梯外，在外圍的部分也規劃了樓梯，寬幅大小適中；建物間設有水牆，做為與用餐地點的區隔。到了以U型方式設計的Villa區，中間是游泳池，採開放式的規劃，整體區域的辨識度很高，很適合像我這種容易迷路又想要有度假Villa感的人。

　　此外，在海灘附近還可以看到泰國皇家海軍的軍艦，這是因為泰國皇宮就在附近，安心感十足。

拈筆隨記

友人Doris因為有要事先離開，我們為此去歡送飲酒，回來時，大概是大家都醉瘋了吧，兩位女生在門口輪流拿著瓶子拍照，像似宣洩以往的不滿。

對此，她也跟我說，最後一晚的Rest Detail Hotel給她十足的回憶，當下我心裡就在想，這間設計旅館所入住的旅客，幾乎都是她這類的年輕族群，他們都喜歡比較個性化，而非一般傳統的Villa設計，這點也不得不讚嘆Rest Detail Hotel的策略。

Data

Rest Detail Hotel
地址：19/119 Soi Hua Hin 19
Tambol Hua Hin, Amphur Hua Hin
Prachuabkhirikhan 77110, Thailand
電話：+66(0)3254-7733
傳真：+66(0)3254-7722
E-mail：rest@restdetailhotel.com
網址：www.restdetailhotel.com

內斂奢華 · 寧靜首選

Hilton Hua Hin Resort & Spa

樸拙美好的空間意象

位在華欣市中心的Hilton Hua Hin Resort&Spa，
是當地最高的建築，由於是飯店式的設計，故採高樓
方式處理，並在前方預留一些空間作為休閒場所，在
窄化的市中心內爭取到不少活動空間。

由於空間規劃朝商務休閒的方向設計，因此功能
性較集中，同一棟大樓就涵蓋了多元的餐廳與購物中
心，並延伸至lobby(大廳)側面樓層。側面樓層的前方
是大面積的落地玻璃帷幕，將景色融入lobby前的休
閒區域，置身其中好似在看海洋風情畫；玻璃帷幕下
則設置了人工水池，可看見服務人員所放置的蓮花，
為空間增添不少輕鬆意象。

結合自然手法擴充空間感

繞過水池通往外邊泳池，泳池前端是用礫石堆積
而成的溪流，溪流下游處的截點切入泳池邊緣，這種
藉由自然的方式來釋放空間，最具紓放自在的能量。

Data

Hilton Hua Hin Resort & Spa
地址：33 Naresdamri Road,
Hua Hin77110, Thailand
電話：+66(0)3253-8999
傳真：+66(0)3253-8990
E-mail：hua-hin@hilton.com
網址：www1.hilton.com/en_US/hi/
hotel/HHQHIHI-Hilton-Hua-Hin-Resort-
Spa/index.do

　　頂樓的行政餐廳戶外左右兩側，可看見華欣不同的景色，若可以，真的要找機會在不同的時間點上去拍攝美景，相信不會讓你失望。餐廳曾招待過不少的皇室政要與名人，連中國的領導人也曾在此用餐，可見它貴氣十足。

　　房間部分，因為偏商務型的規劃，整體上就沒有那麼休閒。掛有油畫的米黃色系漆牆，輔以素雅的檯燈裝飾，增添了空間印象。開放式設計的浴室，利用網狀防霧玻璃門出入；為了貼近生活空間，外頭的陽台則設立了搖床椅，讓居家的感覺更貼近真實生活。

幕後花絮

人生的意外總是有，話說晚上在行政餐廳拍攝美食，就在用餐快要結束時，服務生的裙襬不小心勾到腳架，相機瞬間向下墜落，當時大家都愣住了。

當時的心情只能用震驚來形容，我心想：怎麼會發生在我身上？飯店的公關New即刻安慰我，她說公司有保險，請我別擔心，我只好把相機與鏡頭的碎片收拾乾淨，那晚我真的睡不好。

友人安慰我，說人生總是會有些挫折或磨難，要多往正面想，幸好這是家國際飯店，有一定的程序與保障，要是一般的小飯店，才真的會欲哭無淚。

隔天，New跟我說，她昨天的心情也很差，跟她家人說了一晚，真是百般無奈；後來，她要我把相機的狀況拍照存證，並填寫意外發生的過程，再把所有事證送到保險公司；也要我回台灣處理時，先把報價單給她，等保險公司核准後，再請我把維修單的收據給保險公司。

最後保險公司的費用已核准下來，我很感謝Hilton所做的危機處理。我想，為什麼要選擇有信譽的飯店，原因也在此，否則真的會賠了夫人又折兵。

Villa 明亮簡潔、活力四射的濱海飯店

Sheraton Hotels & Resorts

蔚藍海景，氣溫與空間混合的彩繪者

　　Sheraton是一間很典型的國際飯店，入口的六角式高聳大門，上方用原木為建材，從外而內做出斜角切面，並以兩個白色大柱做為支撐，頗為大氣。住宿區可分為臨海與泳池景觀兩區，海景房1樓的戶外為庭園造景，設計師還將海邊的視野帶入房內；泳池景觀區域則擁有臨近的戶外泳池。

輕鬆快意的彈性空間

　　由於Sheraton是比較年輕的飯店，所以房間的設計就更有彈性的想像空間。以標準海景房來說，方格式的格局主要配置為浴間、沙發座椅、床鋪，整個空間相當素雅，可看出設計師所要營造的氛圍：如床鋪的木櫃與電視櫃採用鏤空設計，抬頭可見正對床鋪的牆上雕刻木岩版畫，形塑了空間的相對感，並營造出不同的層次切面。而細膩的發想不只於此，房內還採用淺色系的低溫色調呼應戶外的海藍景色，給人輕鬆快意的雅砌調性。

室內外動線流暢貼心

　　一般住在Villa碰到下雨時都只能自認倒楣或是淋個雨就算了，但Sheraton在這方面就顯得較有彈性。除了在戶外規劃了一條遊憩路線，碰到下雨時，則能藉由連棟的屋子直接通往海景房與Lobby(大廳)，十分體貼。

　　這是間很有活力朝氣的飯店，讓人有種在都會度假的感受，平日可散散步、享受鳥語花香，三不五時可吆喝朋友享受水中清涼世界，累了就到鄰近的餐廳覓食，好不愜意。

幕後花絮

旅遊的快樂心情是不分國度的，在筆者懊惱
天氣的快速變化而無法工作時，旁邊的澳洲
遊客與他們的小朋友卻在那嬉戲了起來，我
被他們的笑容吸引，一掃了煩悶的心情。雖
然時至今日因為作業的關係，還無法將照片
寄給他們，但我想這是我此行最快樂的異國
回憶，旅遊真無價！

Data

Sheraton Hotels & Resorts
地址：1573 Petchkasem Road,
Cha-am Hua Hin 76120, Thailand
電話：+66(0)3270-8000
傳真：+66(0)3270-8088
E-mail：reservations.huahin@sheraton.com
網址：www.starwoodhotels.com/
sheraton/property/photos/index.html？
propertyID=1590

綻放自我的原生文化之美

Dusit Thani Hotels & Resorts

晶瑩通透、耀眼奪目，奢華中的內在纖細

　　Dusit入口處是充滿綠野鮮花的花園噴泉，自然的景緻融入歐式庭園中，瀰漫著芬多精的清新。進入以水晶造型為主要視覺的Lobby(大廳)，將水晶結合水景花瓣造型，並穿插部分植物增加內斂之感；後方則將透視點拉開，垂綴式直落在餐桌上方，大理石地板與暖色燈光讓水晶的透明光澤更顯耀眼，也增加了空間厚實感。

　　這些設計極度奢華、反差極大，但以畫面的角度來說有些缺乏耐看性；因為有了既定印象，筆者一開始覺得它所有的東西都是如此，但走出戶外空間後就完全改觀了！我們沿著左側的木橋往海邊走，餐廳、泳池、沙灘，逐步堆砌出屬於Dusit的基本生活空間。

綠竹水流的輕波漫搖，纖細的生活用餐美學

　　餐廳屬直幅式設計，視野開闊明瞭，服務人員運用了摺紙的技巧，將桌巾化成藝術精品，摺成有菱有角的立體造型，細膩的擺設可看出內在的纖細；右側

幕後花絮

晚上參與了飯店的晚宴，泰式的古箏音樂伴隨著我們，而各式稀奇古怪的食物也陸續出籠。快要結束時，某位友人身邊突然傳出一股怪味道，讓吃飽想睡的我被電醒了！原來他正在吃榴槤冰淇淋！而且吃得津津有味！腸胃不好的我一開始很抗拒，但後來其他朋友也開始吃了，為了彰顯良好的友誼，我拉下臉來吃了幾口，發現這味道還真不錯！但當下整個餐廳都是榴槤味，我們還很擔心會不會被趕出去呢！

則是用水生植物輔以流水穿梭其中，綻放自在的能量，散發輕鬆優雅的氛圍。

泳池右側則規劃了大面積的噴泉水池，在酷熱的天氣裡可降低溫度；設計師另外也在水池角隅點綴了些許竹林，或許大家會覺得這樣的空間運用有點浪費，但筆者認為，Villa本來就是要給人吐吶呼吸的空間，倘若混雜了一堆建物，反而覺得有種壓迫感，無法使心情放鬆。

以墨畫為筆，回顧與現代的設計之作

　　外觀雖帶點泰國傳統建築的型態，但Dusit用現代化的墨筆，一筆筆的將磚瓦鋪陳在瓦屋上的斜面，融合回顧與混搭風格間，保留了泰式傳統弧形雕塑的建築文化。

低調的奢華，減壓心情的開始

　　採用暖色系的標準房型，擺設了偏傳統造型的座椅與置物木櫃；白色簡潔的大理石造型陶瓷浴缸及盥洗的化妝檯，則呼應了Dusit帶給人的奢華想像；浴缸的門還可開啟，將景色引入並擴展空間，使傳統與現代形成對比。

Data

Dusit Thani Hotels & Resorts
地址：1349 Petchkasem Road Cha-am,Petchburi 76120, Thailand
電話：+66(0)3252-0009
傳真：+66(0)3252-0296
網址：www.dusit.com/en/hotels/thailand/hua_hin/dusit_thani/index.html

時尚品味，經典不凡

Holiday Inn Resort

華欣占地最廣大的Villa

　　前身為麗晶酒店，論腹地，在早年與現今的華欣都是無人可及的，後因經營權的更迭而改為現在的Holiday Inn Resort；而理念的轉換，讓現今的客層跟麗晶時期略有不同，但並不代表他們的服務品質就會有所降低。

　　飯店主體建築採用雙併三角形的組合，中庭是大量的花園造景，搭以白色建築外觀，在動線上不至於讓人混亂；此外，Holiday Inn Resort也有Villa住宿區，但風格上較不明顯，房間數也不多，筆者覺得是吃了點時間上的悶虧，畢竟新成立的飯店幾乎都以新穎又前衛的精品Villa為主流，只能說歲月的刻痕毫不留情的刻印在Holiday Inn Resort之上。

引風入流，刻劃多元混合空間

　　中間鏤空的大廳以「倒T」的方式貫穿每個樓層並連接至室外，引風入流使空氣穿透了沙發、鳥巢竹

圍躺椅、長廊沙發座椅……等，先建立整體的舒適感，再在天花板吊掛傳統泰國竹圍燈飾，輕漫的燈光灑下，勾勒出溫暖氛圍，營造出西式外殼、泰式內在的休憩空間。筆者認為最引人目光的地方，就是設立4個點在鏤空四處、開口向內再交叉引線至中間四周休憩座椅的鳥巢式竹圍躺椅，臥躺在上讓整個人的心都鬆懈下來。

幕後花絮

話說Check-In當晚為友人的網路問題折騰一個晚上後，隔天起床要拍照時卻發現燈不見了！當時真的是嚇壞了！

我用我的破英文雞同鴉講的溝通著，趕緊請櫃台處理，他們的安全主管也很用心的幫我調閱錄影畫面，連前方美麗的Spa櫃台人員都加入了搜索行列。直到後來友人出現時，告知我東西放在她房間裡，才讓大家鬆了一口氣。很感謝當時陪我一起緊張的服務人員，我覺得就算時代變遷，但只要把最實在的服務做好，絕對比一流的空間設計來得重要。

引色入畫，活化空間色彩

　　Holiday Inn Resort提供4種房型，以標準房間的設計來説，它採用木製家具做為主要的空間組合，並用簡單的壁畫搭配暖色系的燈光，將中庭花園的景色引入，為沉悶的房間帶來活化效果。此外，陽台還提供了專用曬衣架，十分貼心。

須待突破，續以時尚魅力

　　若要説Holiday Inn Resort的缺點，在於它的外觀是用白色漆粉刷而成，這除了在維護上較困難外，成本也不見得較便宜，若是可以在現有的基礎下做更大的變更，才能讓建築的生命轉換成不同的能量。

Data

Holiday Inn Resorts
地址：849/21 Petchkasem Road,
Cha-Am Beach, Petchburi 76120, Thailand
電話：+66(0)3245-1240～9
傳真：+66(0)3247-1491～2
網址：www.huahin.bangkok.com/
holidayinnchaam/rooms.htm

" 延伸至飯店外部休閒區，以簡單的竹籬笆建立動線，緩和了人們直接走入游泳池……等休閒區的急迫感。"

迷幻風情，城市饗宴

Chalelarn Hotel Hua Hin

透視手法引入城市景觀

Chalelarn Hotel Hua Hin位於擁擠的華欣市區中，交通十分方便。

採用大量原木做為主要建材，所以空氣中會瀰漫木質香氣，天花板也採用鏤空設計，以迷幻暖色系的燈光塑造氣氛。房間則是以透視的手法引入外面的城市景觀，只要打開床鋪前方與側面的拉窗，就可以看到城市的美景。

都市內的愜意休閒空間

或許大家會以為這就是極限了，但設計師硬是將空間完全利用，在旅館的頂樓規劃了度假式的游泳空間，遮陽傘、躺椅、吧檯……等基本要素一樣不少，讓人就算身處寸土寸金的市區裡，也能擁有愜意的休閒空間。

拈筆隨記

筆者第一次看到該房空間時，覺得它的設計味道有點類似台灣的Motel，較強調色彩的對比與空間的實際運用。倘若喜歡熱鬧又方便的住宿環境，不妨選擇位在華欣市區、著重在商務旅客的快速更迭特性的Chalelarn。

Data

Chalelarn Hotel Hua Hin
地址：53/1 Nahb Kaehat Rd. Hua Hin Prachaub Kirikhan 77110, Thailand
電話：+66(0)3251-2233～5
傳真：+66(0)3251-2233～5
E-mail：info@chalelarnhuahin.com
網址：www.chalelarnhuahin.com

乾淨素雅，城市旅行者的夢想家

Nicha Hua Hin

無微不至的貼心服務

　　這是間小而美的城市酒店，便宜簡單又有格調，它麻雀雖小但五臟具全，除了提供免費早餐，還有免費的無線網路與收費的按摩服務，以面面具到的理念去滿足挑剔的城市旅行家。為何我會被這些看似基本的服務打動？因為在眾多高級Villa或飯店中，不但幾乎不可能提供免費無線網路，甚至大多要收取昂貴費用，對於在休假中需要網路的人來說的確是有些不便。

訴求居家的服務與空間

　　酒店房間就是簡單的居家空間，乾淨素雅，連服務人員也很居家。這裡沒有年輕的服務生，只有親切的大姐姐，她們就好像是你隔壁的鄰居朋友一樣，很容易話家常，唯一的缺點，這裡是用一般住家的房子改裝而成，因此沒有電梯，對於行動不便的人較不方便。

拈筆隨記

輕鬆方便的城市商旅，住在這就像住在自己家一般，少了飯店的繁文縟節，多了份親切的生活自在。如早上起床時，服務人員會親自做早餐給房客吃，雖然選擇性不多，但那種居家感卻是十足的；而按摩的地方就設在1樓後方，空間雖小但樣樣不少；若懶得出門走走，在此享受也是不錯的選擇。

Data

Nicha Hua Inn
地址：4/125 Soi Hua Hin 98
T.Nonggae A.Hua Hin Prachuap kirik khan, Thailand
電話：+66(0)3253-2880
行動電話：+(66)89-837-5278
E-mail：info@nichahuahin.com
網址：www.nichahuahin.com

Spa

在華欣，Spa就好像我們每天必須吃的早餐一樣，是補充身心靈的營養劑。
一般來說，華欣度假飯店裡的單一基本療程(如臉部或手部)大多都從泰銖800元(每小時)起跳，
如有增加芳療部位、時間或精油選擇，價格會再增加；而華欣市區的Spa就比較平民化，
基礎療程價格大約泰銖500元上下，品質方面也有一定的水準。
筆者親自走訪後，精選了幾家優質Spa店家，來此不可錯過。

香氣杯水花意現，靜謐辛福的Spa滋味

洲際Spa
Intercontinental Hotels & Resorts

設計典雅的Spa館、多樣化的產品選擇、專為客人量身訂作的各式療程，足足吸引了我的目光，讓我每個都很想嘗試看看，足見洲際Spa不同於其他Spa館的魅力。

走進泰式風格的房間，放下緊張的心情，洲際Spa的理念就是要為旅客帶來寧靜的幸福感覺。結合瑞典與峇里島不同的按摩手法，前者強調以穴位刺激消除身體的緊繃情緒，進而放鬆身心；後者進行更深入的療程，讓身體肌肉鬆弛下來，使皮膚細胞有了呼吸空間。結束後還可以選擇做個皮膚護理，讓肌膚獲得新生活力。

若這些都不能滿足你，還有結合泰式與印度按摩方式的戶外海灘按摩小屋，讓你猶如置身水世界中，姿意自在身心。

Data

洲際Spa
地址：33/33 Petchkasem Road, Prachuabkhirikhan Hua Hin 77110, Thailand (Intercontinental Hotels & Resorts)
電話：+66(0)3261-6999
傳真：+66(0)3261-6555
網址：www.ichotelsgroup.com/intercontinental/en/gb/locations/huahin
營業時間：08:30～20:00
建議療程：東方特色按摩泰銖4500元(90分鐘)
注意事項：可刷卡

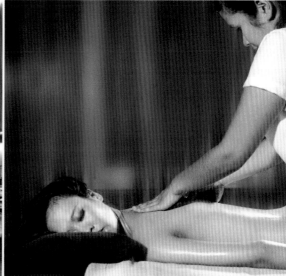

疼愛自己，做個身心都美的旅行者

Anantara Spa
Anantara Resort & Spa

位在Anantara Resort & Spa內的Anantara Spa，擁有6間豪華Spa房與戶外按摩……等設施，豪華Spa房內設有淋浴間與衛生設備，戶外則是泰式園林造景，把森林的芬多精帶入房中，讓身心靈得以平衡。

　　該館最特別的是使用草本藥材提煉的去角質用品，傳說它是美容Spa界的翹楚，更是貴婦們趨之若鶩的保養聖品。因為聞言了它的昂貴，所以筆者自行實驗了一下，左擦臉、右擦手，果然清涼透頂，皮膚抹完後就滑溜溜。

Data

Anantara Spa
地址： 43/1 Phetkasem Beach Road Hua Hin 77110, Thailand(Anantara Resort & Spa)
電話： +66(0)3252-0250
傳真： +66(0)3252-0259
E-mail： huahin@anantara.com
網址： spa.anantara.com
營業時間： 08:30～20:00
注意事項： 須事先預約

綠葉翠林中的四手指療
Mandara Spa
Hua Hin Marriott Resort & Spa

落腳在Hua Hin Marriott Resort & Spa裡的 Mandara Spa，具有相當高的國際知名度，四周都是泰式園林的開放式療程空間，典雅細緻，完全不會受到干擾。而Mandara Spa最富特色的就是四手按摩，此療程的難度頗高，按摩人員極需默契，力道與節奏都要有十足的拿捏，否則施力點不對就無法達到該有的相乘效果。特別是在同一方位不同位置時，如手與腳的部分，兩人需針對個人負責的穴位進行療程，讓身心同時達到鬆弛之感，因此該是運用手肘的時候就是用手肘，不會出現不同的按摩方式。

Data

Mandara Spa
地址：107/1 Phetkasem Beach Road
Hua Hin 77110, Thailand
(Hua Hin Marriott Resort & Spa)
電話：+66(0)3251-1881
傳真：+66(0)3251-2422
網址：www.marriott.com/hotels/
hotel-photos/hhqmc-hua-hin-marriott-
resort-and-spa
營業時間：08:00～20:00
注意事項：須事先預約

▶ 古式風情的泰式Spa

Hilton Hua Hin Resort & Spa

Hilton Hua Hin Resort & Spa

Hilton Spa提供10間療程室與2間附有海景視野的房間，除有4種療程外，也有Salon美髮美甲的服務，將輕柔的身心之旅延伸至不同的領域。

空間設計相當雅緻，彷彿走進古色古香的傳統泰國建築裡；飯店人員會點燃蠟燭，讓光線更顯幽情，使整個空間輕鬆愉悅。

選好所需的產品後，放下竹簾，將身體浸泡在花池裡洗淨身心的疲憊，再以巧手舒展皮膚的緊繃，使得心情如窗外的藍天一樣透徹清晰。

Data

Hilton Hua Hin Resort & Spa
地址：33 Naresdamri Road, Hua Hin 77110, Thailand
(Hilton Hua Hin Resort & Spa)
電話：+66(0)3253-8999
傳真：+66(0)3253-8990
E-mail：hua-hin@hilton.com
網址：www1.hilton.com/en_US/hi/hotel/HHQHIHI-Hilton-Hua-Hin-Resort-Spa/index.do
營業時間：08:30～20:00
注意事項：須事先預約

古香氛圍中舒緩身心自在
Aspadeva Spa
Sheraton Hotels & Resorts

Aspadeva Spa位於喜來登飯店內，該館最大的特色是運用草藥、水果精油……等配方提供多種按摩療程；空間的運用頗為寬敞，環境也較注重個人隱私，故進行療程時不會有太大的壓迫感。

　　在水池裡沖壓洗淨後的身體後，結合泰式與芬香療法的Aspadeva按摩，由腰部沿著背脊緩慢舒壓經絡穴脈，使得穴位與背骨獲得舒展；而皮膚經由反覆的平滑推壓，也逐漸消除緊繃的感覺。

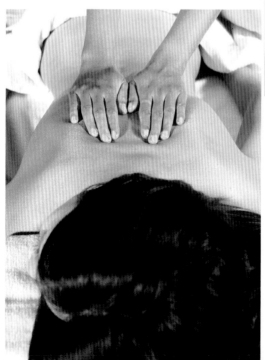

Data

Aspadeva Spa
地址：1573 Petchkasem Road,
Cha-am Hua Hin 76120, Thailand
(Sheraton Hotels & Resorts)
電話：＋66(0)3270-8000
傳真：＋66(0)3270-8088
E-mail：reservations.huahin@sheraton.com
網址：www.starwoodhotels.com/
sheraton/property/features/attraction_
detail.html？propertyID=
1590&attractionId=1002439517
營業時間：09:00～21:00
建議療程：Aspadeva水療按摩
泰銖7000元(4小時)
注意事項：須事先預約，如欲取消
請在2小時前通知，逾時須加收50%費用

花瓣與精油滑柔指間

Asara Spa
Asara Villa & Suite

Asara Spa提供了精油按摩、面部療程、身
體療程、蒸氣浴療程……等項目，可針對
自己的身體狀況選擇。以個人來說，筆者比較
喜歡精油的按摩，而Asara按摩人員的指壓功夫
特別到位，他們用手臂局部接觸面順著肌理的
曲線釋放壓力，使精油能與皮膚表層做最好的
磨擦，不但讓皮膚呈現鬆弛的潤滑感，毛細孔
在經過多道按摩手續後，也如同花瓣一般，重
新綻放自在的養分。

Data ▶

Asara Spa
地址：53 Hua Hin Soi 5
Prachuab Kirikhan 77110,
Thailand(Asara Villa & Suite)
電話：＋66(0)3254-7555
傳真：＋66(0)3254-7762
E-mail：info@asaravillaandsuite.
com
網址：www.asaravillaandsuite.
com/template.php？page=
asara_spa
營業時間：08:30～20:00
注意事項：須事先預約

巷弄間的複合Spa店
Nicha Health Spa & Massage

這間位於夜市附近巷弄的中小型複合式Spa店，除了提供基本的Spa按摩外，還有理髮的服務。為了有效控制服務品質，內部房間數不多，也力求精緻化，故在精油的選擇上也符合該等級市場應有的水準，在狹小的市中心來說實屬不易。

Data
Nicha Health Spa & Massage
地址： 1/2-3 Chomsin Rd.,(Soi Hua Hin 55)
Hua Hin, Prachuabkhirikhan 77110, Thailand
電話： +66(0)3253-0533
營業時間： 08:30～20:00(依店家作息調整)
建議療程： 手部精油按摩泰銖500元(1小時)
注意事項： 須事先預約，價格會依匯率變動調整

小而美、小而體貼的泰式按摩

Day&Night Thai Massage

別看夜市裡的泰式按摩店其貌不揚,該有的解壓道具可是一樣不少。按摩師傅會比手畫腳與你溝通,感覺就好像是隔壁鄰居一樣,不會有陌生感。過程中從清潔腳底開始,由腳按到手,再依序到肩膀與頭部,一道道的按摩程序,完全不馬虎。療程結束後服務人員還會送上茶點,讓客人的心沉澱下來。

這些看似容易的服務精神,在許多國家卻不易看到,因為光是從頭到尾的微笑就很難了!

Data

Day & Night Thai Massage
地址:101/7 Dechanuchit Rd., Hua Hin, Prachuabkhirikhan 77110, Thailand
電話:+66(0)3253-1113、3251-6481
行動電話:+(66)81-941-7497
營業時間:09:00~23:00
建議療程:泰式古式按摩300元(2小時)
注意事項:須事先預約

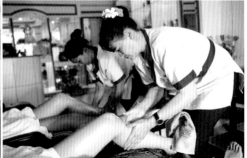

心情手札

無須將城市裡的喧囂沾染於身，
我用力的跺了腳上的泥層，將之留在塵世中，
起身離開天使的世界。
臉蛋抹上一層粉，抬頭直視的眼神
讓人覺得無辜也天真；好奇的驅使，
讓淚眼汪汪的眼珠子裡映射了光線，
情感中更顯清純。

記錄屬於你的心情手札：

Travel

我愛旅遊，但不愛孤單，若旅遊沒有好友們的陪伴激盪，這些過程也會顯得寂寥無趣，也希望藉此方式讓大家了解泰國的不同面向，以多元的思考把旅遊的趣味深度給引出。

這是兩種不同的旅遊方式，卻是相同的目的地，一次是與美麗的造型師兼美食家Sophie、泰國旅遊達人吳大哥、敬業的模特兒Doris 4人的奢華華欣之旅；另外一次則是與設計師好友Christy以背包客的冒險型式來進行更深度的探索。因此，我相信旅遊可以奢華，也可以簡單，無需將兩者都看成異類，個人就用比較的方式，來探索旅行的可能性。

華欣建構了許多泰國皇室的歷史，不管是近現代的建築──華欣車站，還是傳統信仰文化的精神象徵──Phraya Nakhon Cave披耶那空山中之廟，可以發現泰國在傳統與現代的文化接軌轉換不似傳統東西方的文化交流，充滿了衝突性；而這些衝突卻在華欣的皇室建築景點裡看不到，因此在廣義下的華欣，景點充滿了深度魅力，值得你來探索。

Phraya Nakhon Cave
披耶那空山中之廟

摩托車之旅，尋訪我的山中之廟

多所磨難的迷宮之行

　　早上一起來，和友人Christy騎著機車準備去山中之廟，算一算距離大約63公里，因此倘若所有的過程都順利，約莫90分鐘左右會到。這地方的資訊真的很少，連TAT(Tourism Authority of Thailand，泰國觀光局)在華欣的人員都很難正確說明，所以行前資訊的收集上要盡量完整。此外，若不是當地觀光警察指點一些捷徑，恐怕還會花更多時間。

　　前往過程中，辛苦的不是曲折的路況，而是因為對當地的交通規則不甚熟悉，而在U-turn(迴轉)的認知上與當地警察有些衝突，當時內心在想，泰國是個觀光大國，多數的人都極其友善，連觀光警察都非常的專業體貼，為何當地警察就不會站在勸導的立場來協助觀光客？畢竟沒有人願意違法，我們還為此投訴到華欣的TAT，浪費不少寶貴時間。

忽見小漁村，味濃情更濃

　　不愉快的事總是很快就消失，也終於找到了Khao Sam Roi Yot國家公園，而Phraya Nakhon Cave披耶那空山中之廟就在裡面。由國家公園入口到山中之廟約需20多分鐘路程，沿途可欣賞國家公園的景色，而公園裡有許多紅樹林濕地，地貌更有些神似中國的桂林，多變的樣貌值得喜歡生態的玩家一遊。

　　大概是太餓的關係吧，我倆竟走錯入口，轉到了另外一個港口，不過這美麗的誤會卻是此行最快樂的一幕，當下我們碰到了港口內唯一的一家小吃雜貨店，點了些當地漁民喜歡吃的食物，就這樣與他們閒話家常；而且當時正值農曆新年，沒想到在這麼偏遠的泰國小漁村也會應景過起中國年，裝飾了許多中國農曆新年的物品，內心相當溫暖。

採光自然美麗的景中之景

　　要前往Phraya Nakhon Cave披耶那空山中之廟有兩種方式，一是從入口處走山路約1公里；另外則是搭船到附近的Laem Sala Beach沙灘，約可以節省一半左右的時間。由於我倆已經沒有多餘的力氣再走，因此決定坐船，只是人算不如天算，沒想到即使坐船後再走山路，陡峭的山坡還是讓我們吃足苦頭，用盡所有力氣花了40多分鐘才走到，難怪上山前的入口處有個阿媽在賣登山棍，終於了解她的用意了。

　　此洞穴是200多年前由當地百姓Phraya Nakhon所發現的，主要有兩個大的洞穴，其中一個是天空之橋(我不喜歡原本「死亡之橋」的名稱，故將之更名)，另外一個就是Phraya Nakhon Cave披耶那空山中之廟，因拉瑪五世於西元1890年6月20日前往拜訪後，覺得採光非常自然美麗，似沐浴在自然光中，故將皇家廟宇建在此洞穴內。

沉澱心靈的絕世美景

　　小而美的廟宇，典雅卻不帶奢華，前方的梯口是正面，而無樓梯的就是背面，往往大家所看到的畫面都是從背面拍攝的，視覺上較能與自然融合；若想看到最佳的光線落在廟宇的屋簷上，最好是在

中午11～12點左右前來，就會發現光線投射雕塑出的立體之美，反差對比分明。

看到此景後，我深深為這地方感動，覺得似乎可以領略拉瑪五世當時的心境，感覺來此是將自己浮沉的心打散後，讓混濁的污穢自然地消散褪去；雖然陽光、風、岩與草樹綠茵似佛法中的法華經深奧難懂，但靈魂卻可以得到安撫。

患難見真情，熱情的泰國農民

帶著快樂的心與疲憊的身軀返回華欣市區，只是老天爺在途中又開了我一個大玩笑：機車爆胎了！我在快速道路上詢求幫助，突然有對父子說願意協助我們修車，佛祖還是很眷顧我們的；而且他們還打電話請能用英文溝通的女兒跟我們說明維修的過程，心裡真的感動得快哭了！

最讓我感心的是，他們還切了自己種的鳳梨給我們吃，讓浮躁的心情沉靜下來，當下此情景深深烙印在我的腦海裡，感謝他們一家人的溫馨熱情，旅途中所有的不愉快都被此時的人情味給化解，泰國原鄉的暖暖人情此生永遠難忘懷。

Data

Phraya Nakhon Cave披耶那空山中之廟
位置：Khao Sam Roi Yot國家公園裡
交通方式：由華欣的Phetchakasem Rd.主幹道南下(往Chumporn方向)，會有一段Phetchakasem Rd.的快速道路，行經地標「Tesco」左轉，直走後經過「3168」幹道，不久即可遇到「Wat Na Hua」廟宇附近的圓環，往右側的「Khao Sam Roi Yot國家公園」方向直走即抵。地圖請參照下頁。

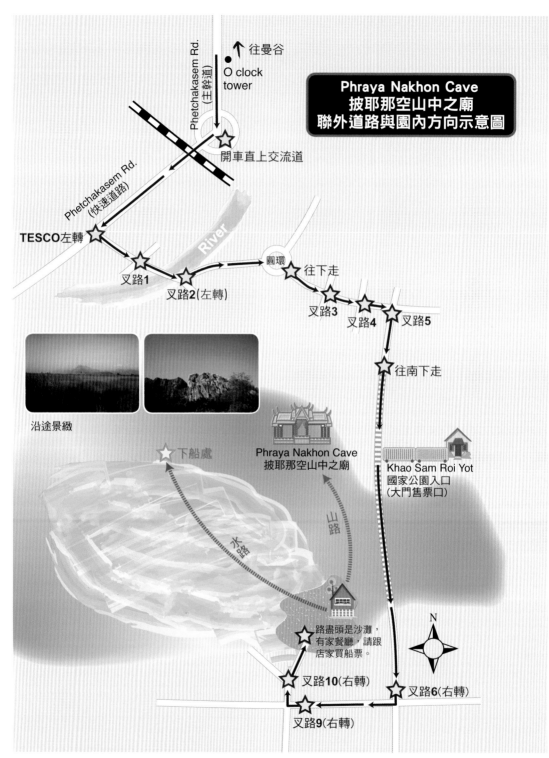

往曼谷

O clock tower

Phetchakasem Rd.
(主幹道)

Phetchakasem Rd.
(快速道路)

開車直上交流道

**Phraya Nakhon Cave
披耶那空山中之廟
聯外道路與園內方向示意圖**

River

圓環

往下走

TESCO左轉

叉路1

叉路2(左轉)

叉路3

叉路4

叉路5

往南下走

沿途景緻

下船處

Phraya Nakhon Cave
披耶那空山中之廟

水路

山路

Khao Sam Roi Yot
國家公園入口
(大門售票口)

N

路盡頭是沙灘，
有家餐廳，請跟
店家買船票。

叉路10(右轉)

叉路6(右轉)

叉路9(右轉)

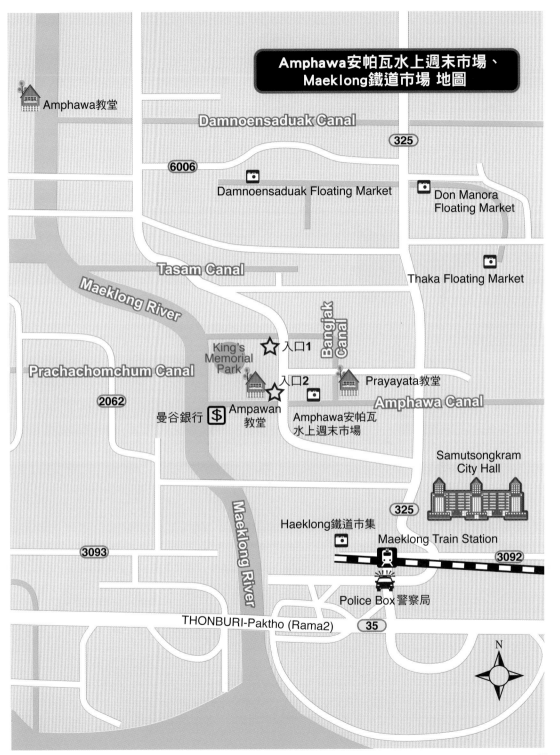

Amphawa安帕瓦水上週末市場、
Maeklong鐵道市場 地圖

Amphawa教堂

Damnoensaduak Canal

325

6006

Damnoensaduak Floating Market

Don Manora
Floating Market

Tasam Canal

Maeklong River

Thaka Floating Market

Bangjak Canal

King's
Memorial
Park

入口1

Prachachomchum Canal

入口2

Prayayata教堂

Amphawa Canal

2062

曼谷銀行 $ Ampawan
教堂

Amphawa安帕瓦
水上週末市場

Samutsongkram
City Hall

325

Haeklong鐵道市集

Maeklong Train Station

3093

3092

Police Box 警察局

THONBURI-Paktho (Rama2)

35

Maeklong River

N

Amphawa 安帕瓦水上週末市場

華欣漫步旅，螢火蟲的水上世界

夜渡河畔心如水，螢火閃爍炫迷情

　　在曼谷BTS(Bangkok Mass Transit System曼谷軌道交通系統)Victory Monument(勝利紀念碑站)旁搭著小巴，擺脫了城市的喧囂，司機快速的疾駛讓友人Christy直呼刺激，約莫90分鐘車程，我們來到了Amphawa安帕瓦水上週末市場，它平常只有在週末營業，如此才能保留一些屬於該地的寂靜之美。

　　為了體驗當地的人文風情，我們選擇了在河岸附近的民宿，並在下午3點多來到此地，這是午後光線最美的時間點，也是人潮開始聚集的時候。因為這裡算是文化資產保留地，所以水上市場的屋簷瓦礫沒有太多改變，也沒有過度的商業味，讓人覺得當地的商業與文化維持著不錯的平衡點，而我也特別喜歡在河岸邊吃小吃。

　　船家交易的過程很好玩，店家煮好後會用長竹竿前方的竹圍裝起食物送給你，顧客只要再把錢放入即可，這一來一往可是要有很好的平衡感啊！尤其船家大多都是長了年紀的人，由此不得不佩服他們的生命力。

　　晚上更是有不同的體驗，我們準備來個遊河之旅。光害低的安帕瓦郊區沿岸是個適合賞螢火蟲的地方，在水流浪聲的伴隨下，可欣賞螢火之美，特別是2月的繁殖期，最能欣賞到數大便是美的螢火。

霧晨漫漫的溫柔時光

　　清晨的景象讓我想起了多年前與友人在雲南的束河古鎮，沒有喧囂只有靜寂的場景；而我喜歡這種崁入人心的美景，就算錯過了和尚化緣的時間，卻沒有錯過與禪意詩歌作伴的光景。

安帕瓦住宿建議

安帕瓦是華欣相當熱門的景點，因此會建議在出發前2個月預約河道旁的民宿，方可欣賞河道美景、夜晚螢火蟲飛舞與清晨和尚化緣的景象。不過，由於房子是木造房，隔音效果可能就沒有這麼好了。

● 店名：Chótíká Rívêrfrónt
地址：21/1 Moo 3 Bangchang Amphawa Samut Songkhram 75110, Thailand
電話：+66(0)3475-1042
行動電話：+(66)81-705-4977
傳真：+(66)3475-1201
網址：www.chotikariverfront.com
營業時間：09:00～20:00
價格：2人房(含早餐)週五～日泰銖1500元，
週日～四泰銖1300元，每加1人加泰銖300元(含早餐)
● 店名：Baan.Ing.Suan
地址：5/3 Soi Mangkorn, Tambon Amphawa, Amphoe Amphawa, Changwat Samut Songkhram 75110, Thailand
電話：+66(0)8162-79480
行動電話：+(66)89-692-1661
E-mail：baaningsuan@hotmail.com
價格：2人房(含早餐)泰銖1000～1200元

Data

Amphawa安帕瓦水上週末市場

營業時間：週六、日
交通方式：15人座私人小巴士巴士站位於曼谷BTS(Bangkok Mass Transit System曼谷軌道交通系統)Victory Monument(勝利紀念碑)站2號出口，沿著Century The Movie Plaza百貨公司往前走，有兩個搭車處，第一個往華欣市區的Clock Tower附近，第二個往安帕瓦水上週末市場。巴士沒有時刻表，約每

Century The Movie
Plaza百貨公司

小時或45分鐘左右一班，到安帕瓦所需時間約90分鐘，費用約泰銖90〜100元。
買好票後會有號碼牌與車票，前者為上車的先後順序，後者為搭乘的憑證。另外，司機開車的速度頗快，容易暈車的人要多注意。
安帕瓦本身主要有兩個出入口，一般15人座私人小巴士會停在第二個出入口的曼谷銀行前站。

離開安帕瓦前往華欣時，可隨機搭乘嘟嘟車或是其他區域交通工具前往15人座私人小巴士中途站，由於巴士站位在快速道路下，穿越馬路至對面的搭車處時，務必注意自身安全。

號碼牌與車票　15人座私人小巴士　　　巴士站　　　曼谷銀行

他鄉遇故知，頂尖的泰國攝影師Mr.J

　　Jesadaphorn Chaiinkaew是我跟友人Christy在華欣夜市逛街時所認識的人文攝影師，不知為何，我對他的照片印象特別深刻，後來才想起原來之前我有買過他拍攝的貓狗系列照片，內心突然有種他鄉遇故知的心情；但當Christy請他推薦他心中最愛的照片時，他竟然選擇很鄉土的車子照片，當下讓我們很猶豫不決，後來才決定依照原本的初衷，選自己的第一眼。

　　只是要結帳時，Christy請Mr.J算便宜一些，價差雖不多，但我總是不喜歡殺價，尤其是這樣的文創商品，畢竟自己也是藝術創作者，總不希望作品價值也這樣被糟蹋。希望大家在買東西時，能思考一下背後的價值再決定，別把台灣的習慣帶到國外，畢竟創意價值是需要被尊重的。

Maeklong 鐵道市場

遺憾是為了留給下次更美好的旅行

Data

Maeklong鐵道市場
地址：Phet Samut, Mae Klong, Muang Samut Songkham, Samut Songkhram 75000, Thailand
營業時間：約07:30～17:40；
火車時刻表(進站/離站)：
06:20/08:30、09:00/11:10、11:30/14:30、15:30/17:40
交通方式：搭乘筆者稱為「摩托計程車」的交通工具(因它沒有較正確的稱呼)，搭乘處在安帕瓦的主要天橋出入口處前(辨識方式：會看到曼谷銀行在T字路口底，右前方是另外一家銀行)，搭乘時間約15分鐘，費用每人約泰銖20元。回程時，可從Maeklong鐵道市場搭乘嘟嘟車或是計程車到35號公路交流道附近的Rama 2 Highway橋底，轉搭15人座私人小巴士到華欣，所需時間約90分鐘，費用約泰銖90～100元。
注意事項：鐵道市場最佳的參觀時間是早上9點左右，因可見火車經過、商家迅速收拾東西的景象，但考量到火車忽快忽慢的因素，故建議要前往的人最好提前半小時抵達。

　　Maeklong是一個非常有趣的地方，除了本身就是一個吸引許多外地人前來、熱鬧的雜貨與菜市場集中地之外，附近有一個鐵路終點站，菜販就在鐵道兩旁販賣蔬果魚肉，因此火車經過時會將速度放慢，讓商家有足夠的時間快速收拾好東西，整個畫面富饒趣味，且非常井然有序。

　　由於我們在安帕瓦太過散漫慵懶而錯過了時間點，雖然準時9點到，卻未計算泰國火車忽快忽慢的因素，只好用口述的方式跟友人Christy形容，徒增了些遺憾。非計劃性的旅行總是會添增一些不可知的因素，不完美或許看起來也有它的美好，至少我們又點了路邊攤的烤香蕉來一洩失意之情。

摩托計程車內部

曼谷銀行

Wat Huai Mongkhon Hua Hin
聖溪寺

渡化世人的心靈導師

泰國最深入人心的高僧與寺廟

西元1952年，泰王拉瑪九世啟用了第一個皇家計劃，該計劃主要是建設學校與寺廟……等，而最初的聖溪寺便在1964年落成，由於香火鼎盛，故成為當地著名的信仰中心。泰國皇家副司令為了慶祝皇后72歲誕辰，便在原址興建了現今所看到的龍波托大佛，並於2004年8月27日由皇后親自揭幕。

位在泰國中部巴蜀府的聖溪寺，屬巴蜀直轄縣他塔區，供奉泰國南部著名高僧龍波托(英文可譯為「Luang Phor Tuad」或「Luangpho Thuat」)的佛像，偌大的黑色佛像立於階梯樓台之上，附近寺院園區則展示了該寺的歷史與文化。

若常逛泰國的佛教宮殿，也會常看到龍波托的故事介紹或是佛牌(即護身符)，可說是泰國最深入人心的高僧。

心誠則靈，以雨水洗滌心中穢氣

信仰佛教的我，努力抽出時間與泰國友人開車前往該寺，一路上風雨交加，再加上路況複雜，一開始還繞了遠路，也走錯一些方向，心中有點懊惱，泰國朋友看

到我心急的表情就告訴我：「下雨是好事啊，代表祂聽到你的聲音，所以在路上洗滌你的心靈，把凡塵俗事全部洗淨，希望你用最真誠的心來拜訪。」果不其然，到達該寺後，天空突然放晴，藍天白雲出現在我眼前，似乎心念真的已被聽見。

Data

Wat Huai Mongkhon Hua Hin 聖溪寺
位置：GPS座標N12°33.709'、E099°47.047'
電話：＋66(0)3257-6187
開放時間：05:00～22:00
交通方式：從華欣出發，接續到公路No.3218(Nong Phlap-Pa La-u)的14公里處後到達Thap Tai Sub-District，並在Nong Taphao交叉處左轉，再沿著聖溪寺的方向前往即可。

Khao-Wang, Phranakhonkhiri
拷汪皇宮

行雲天際的夢幻之城

皇宮等級的庭院宮殿

　　由拉瑪四世國王(King Mongkut)於西元1860年建立而成的拷汪皇宮(地方簡稱「Khao Wang」，又屬皇室的夏宮)，是屬於皇宮等級的庭院宮殿。

　　所居之地在形勢上是分割成三部分的山丘地勢，海拔約95公尺，不屬陡峭高坡，氣候涼爽宜人。而這三個區域都有不同的特色，如西邊山丘之地的每個宮殿建築個體都被賦予不同的優雅名字與特定功能，如中央山丘的建築則存放了一些佛教文物；東邊就是皇家寺廟，由拉瑪四世的建築師所設計，命名為「Wat Phra Kaew」。

泰式、中式、歐式混搭的建築風格

　　拷汪皇宮混合了泰式、中式、歐洲風格，且分屬不同區域，風格顯著，也因此採低調的白色為基底，搭配部分運用材質本身的色彩，整體潔淨舒服，即便是廟宇建築也無誇張裝飾，素雅中帶點皇家的氣度風範；也可以說建築規劃的空間概念是將原建體延伸，線條俐落裡帶點圓弧大氣，棟距間不會過於擁擠，視覺的點線可拉出直視的線條，見度開闊美好。

　　拉瑪四世國王對於異國文化採包容開放的態度，也應用於自身的皇宮建築，這種以建築的體現讓文化深植於人民的心中作法，或許可說是他真正想帶給泰國的禮物吧！

Data

Khao-Wang, Phranakhonkhiri拷汪皇宮
地址：Kiri Ratthaya, Khlong Kra Saeng, Muang Phetchaburi 76000, Thailand
開放時間：08:30～16:30
門票：泰銖40元/人

Maruekhathayawan Palace
愛與希望之宮

看建築、賞生態、品泰國文化

充滿愛與希望的夏宮

　　建於西元1923年，位在華欣與七岩之間的邦克拉海灘(Bang Kra Beach)附近，為國王拉瑪六世的避暑勝地，俗稱「夏宮」；而另一個比較浪漫的說法是，拉瑪六世皇希望其愛妃Indrasakdi Sachi能為自己添增孩子，所以在此興建了夏宮。

　　由義大利設計師所設計，揉合泰國與英國維多利亞風，整個宮殿非常開放，運用了藏風聚氣、吸納運吐的方式，將風引入空間內，讓充滿涼意的風在宮殿裡迴繞，也藉此降低海邊的炎熱感。宮殿長399公尺，共有1,080個高腳支柱支撐，整齊劃一，層次間帶點強烈的透視感，且在16幢的樓閣中都是使用黃金柚木攀建。內部可分為3個區域，第一個是Samoson Sevakamataya建築群，前方一部分是官方平時作業的所在地，並涵蓋了劇場、觀眾廳、辦公室……等空間；第二個是Bisansagara建築群，為國王的私人住所，有辦公室、臥室、更衣間與浴室……等區塊；第三個是Samudabiman建築群，禁止國王之外的其他人進入。

騎單車來趟深度之旅

　　宮殿區分內外，外圍可供一般民眾休憩與騎腳踏車；而進入宮殿後，映入眼簾的是庭園式花園，側面則有商店。由於宮殿相當大，因此宮殿外圍的停車場附近可租腳踏車，費用是每台泰銖20元。

　　在這裡騎腳踏車是一件非常快樂的事，近一點能到海堤吹吹風，再到紅樹林散散步、看看生態植物園；遠一點可騎到燈塔附近(現已封閉)，從燈塔欣賞華欣的海岸線風光，唯林間較多蚊蟲，建議做好防蚊措施。

　　愛與希望之宮是個非常值得午後駐足的地方，除了可以欣賞建築，也能在此看看泰國皇室如何在校外教學中教育他們的子民。

Data

Maruekhathayawan Palace愛與希望之宮
地址：Cha-am, Phetchaburi 76120, Thailand
電話：+66(0)3247-1005~6
開放時間：08:30～16:30，週三休
門票：30泰銖／人

華欣火車站
回味如影近似夢

車站分為兩個區塊，一為建立於拉瑪六世國王統治期間，在功能上是提供給皇室成員使用的車站，其建築線條簡單俐落、色彩反差迷人，在空間上輕易切割了立體層次氛圍與外面混雜的景物，使之充滿泰式風情。由於建築是以柚木為建材，較能抗蟲害病變，所以即便年代久遠，內外看來還是非常新穎。

而側面則為一般老百姓所使用的車站，以功能上來說，需求性已經不像以前那麼大，再加上單線通車、速度不快，故漸漸被汽車、飛機取代。現今的乘客大多為少部分南北來往的人們與喜愛泰國單線火車之旅的嘗鮮族。

由於位居要衝，故到市中心的路程不會太遠，若沿著Liab Tang Rodfai這條路，夜晚可在路邊的一些小酒吧把酒言歡；此外，泰國第一座高爾夫球場——Royal Golf Course皇家高爾夫球場也在附近。

黃昏時來到此地，細細品嘗柚木、鐵道、油漬、人群混雜而成的浮影之夢；漫步在鐵軌上，原來光影蹉跎是如此快速，讓人不禁希望能捉住與朋友之間的旅行時光。

Data

華欣火車站
位置：在Prapokklao Rd.與Damnernkasem Rd.的Soi 76路牌底的交會處
電話：+66(0)3251-1073
注意事項：車站不需買門票即可進入

Khao Tao(Khao Tao Beach)

以黃金作畫，日夜皆美的龜山

在華欣，若要看黃金海岸與夜晚海邊漁船燈光交錯的景色，Khao Tao就是最佳的地點之一，它距離華欣市區約13公里，沿著Phetchakasem路的234～244左轉進入後，再尋找適合觀賞日落的地方即可。雖然泰國的天氣大都不錯，但碰到雨季時就要跟時間與天氣賭運氣了。我與友人刻意在接近黃昏時前來，幸運地欣賞到層次分明、光線透亮，有如被火苗彩繪過的雲彩，山巒海色與建築物如同會漂浮的畫般，隨著光線的熱氣流動著。

隨著太陽漸漸落下，暮色已現，漁民們開始在海邊作業，自然光線與漁船燈光交錯著，讓人有種剎那的短暫時光穿越之感。

Data

Khao Tao(Khao Tao Beach)
地址：Khao Tao, Nong Kae, Hua Hin,Prachuap Khiri Khan 77110, Thailand

Khao Hin Lek Fai

俯瞰天際，盡收華欣之美

位在華欣市區西方約3公里處，地處偏僻較不好辨識，因此開車較方便；而其上下坡會有許多叉路，若沒有當地人的指示或GPS，還真不容易找到。

Khao Hin Lek Fai為一座花園景觀公園，綠葉成蔭、鳥語花香，花瓣的清香氣味讓身心安定；公園不遠處的中間有拉瑪七世的立碑，旁邊則是活動廣場，偶爾會看到當地人在運動或是踢迷你足球，為整個畫面添增動態活力。

觀景臺設立在山岩邊緣，以木造的樓板立於岩層之上，平實穩固，需花幾分鐘走段小路才可到達。俯視遼闊的景緻，天空與海岸的邊際結為一方水色，氣味中帶點低調而憂鬱的藍色色調，眼眸近底處則是綠意盎然的Royal Golf Course皇家高爾夫球場，活潑的色彩讓春風濃郁的語味烙印於心。

沉醉美景之時，暮色也漸漸落下，讓人遺憾的是因安全措施尚未完備，故無法在此一賭華欣的夜色之美。

Data

Khao Hin Lek Fai
位置：GPS座標N 12°33.926'、 E 099°56.640'
電話：+66(0)3251-1047
交通方式：在市區Phetkasem路上看到「Black Mountain」的招牌，往右邊的路口開上山區即抵。

Hua Hin Night Market華欣夜市

Il Gelato Italiano

華欣夜裡迷蹤遊，華欣夜市的樂活生活

　　由於華欣是目前皇家居住地，因此有別於泰國其他旅遊勝地的夜生活，比較沒有太多五光十色的歌舞廳。

　　而位於Dechanuchit路的Hua Hin Night Market華欣夜市，是當地規模最大的觀光夜市，熙來人往的多是西方遊客，但也夾雜少數的亞洲人。因為這條街上能滿足所有觀光客的需求，故造就了如小吃、服裝業、Spa店，還有多到讓你感到好奇的眼鏡行……等許多行業，可提供所有旅遊生活所需物品。

　　以「泰國蝦子狂」的筆者為例，華欣夜市的蝦子特別鮮嫩爽口，再配上當地的啤酒，特別能滿足味蕾的慾望。

Data
Hua Hin Night Market華欣夜市
位置：從Soi 72到華欣火車站的路口交叉處，這一帶都算是夜市的區域範圍
營業時間：晚上營業，時間不定

愛情冰淇淋，酸甜在心頭

　　由於泰國友人多次帶我來此，但以我的味蕾，感覺雖甜美，卻不至於驚為天人，故不禁疑惑這間冰淇淋店到底有什麼特別。

　　追問之後，才知道此店是泰國友人與台灣女孩邂逅的愛情故事場景之一，且該店也是因一位義大利人娶了泰國人後，才在此定居開設的。雖已事過境遷，但愛情的片刻滋味永遠是最美好的記憶，這可說是幸福的甜蜜冰淇淋喔！

Data
Il Gelato Italiano
位置：位在Phetkasem Rd.的Soi 61的轉角入口處，走進去對面是警察局，右側是大型複合式餐廳，在複合式餐廳左側就是冰淇淋店
電話：+(66)3251-3435
營業時間：10:30～23:00(依店家作息調整)

Golden Place皇家購物商店

Hua Hin Market Village華欣購物中心

皇家風範，愛心永存

　　這是由泰國皇室認證的商店，主要用親民的價格販售皇室農場所生產的一些有機產品，部分營利所得也會用來照顧百姓生活，故開幕時泰王拉瑪九世還親自前來剪綵，可見皇室對此店的重視程度。

　　Golden Place有2層購物區，1樓以食物為主，2樓主要是精油、香皂等……產品，簡單多樣、價格實在，當然最主要的還是皇室認證的那種安心感，這種價值是在哪都買不到的。

買東西、吃東西，滿足生活所需

　　西元2006年2月開幕的Hua Hin Market Village，為華欣第一個大型娛樂購物中心，共有3層樓，規劃了Tesco Lotus、HomePro Major Cineplex、Bowl & Karaoke……等區，且鑽石、精品、3C類產品都有販賣。

　　O型環繞式的動線，採用鋼性線條增加建物本身的安全度，簡潔的色彩表達，讓人心境愉悦，而同行友人最喜歡來此逛街購物。

Data
Golden Place皇家購物商店
位置：Phetchakasem Road, Hua Hin，位在Klai-Kangwon Royal Palace側邊；若方向是往華欣市區，就位在Phetkasem Rd.的左側、Soi 41標示牌前
電話：+(66)3251-4411
營業時間：08:00～22:00
注意事項：內部禁止拍照

Data
Hua Hin Market Village華欣購物中心
地址：234/1 Phetkasem Road, Hua Hin, Prachuabkhirikhan 77110, Thailand
電話：+(66)3261-8888
傳真：+(66)3261-8800～2
網址：www.marketvillagehuahin.co.th
營業時間：週日～四10:30～21:00、
　　　　　　週五～六10:30～22:00

Food

在華欣，由於頂尖Villa的引入，除了傳統的泰式料理外，
也將世界各地的美食帶進飯店，讓大家可以品味廚師的精湛佳餚與私密料理。
當然，當地也有私藏的街頭小吃可讓大家一飽口福。
快跟著我們的腳步，讓泰式料理的酸、辣、甜深入味蕾，
從而讓味覺甦醒，盡情徜徉在美食世界中。

關於泰國人的生活作息

在泰國，沒有所謂的趕集氣氛，每個人的步調都是「慢
慢來」，而這樣的緩慢生活習性跟身處在台灣的我們是
有些差異的。

一般來說，除了早市會早點開業外，一般泰國人的上班
時間為08:30～16:30，餐廳大多於22:00左右休息，
唯夜店、夜市會營業超過24:00。故泰國人的早餐時間
約08:30～12:00、午餐時段則為12:00～14:00、晚
餐為17:00～22:00。

比較有趣的是，除了一般國定假日與慶典外，有時國家
有什麼特別的日子，都會讓老百姓休假；當然這樣的
民族性不是隨便，而是他們懂得將工作步調融入在生活
裡，慢條斯理的完成。

▶ 溫馨、豐富多采的義式味覺

Ciao Italian
Hua Hin Marriott Resort & Spa

2009 Thailan's Best Restaurant 光環

　　沿著Hua Hin Marriott Resort＆Spa的熱帶花園小徑走去，座落在海邊的Ciao Italian是一間有著大大茅草屋頂、很泰國風的木造涼亭，氣質悠閒又不失優雅，但裡頭賣的卻是義大利菜。

　　入口處顯著的立牌寫著「2009 Thailand's Best Restaurant」，讓我開始期待接下來的美食。我們挑了最靠近沙灘的位置以便獨享整片大海，飯店沿著沙灘插上顏色繽紛的彩旗，徐徐的海風吹拂著，雖然是8月的正中午卻一點也不覺得熱。

　　在主廚熱情推薦下，我們先享用了開胃菜「Bruschetta」（我稱它為「鹹土司」），用很義大利的番茄片、醃漬的小黃瓜一起烘培成外酥內軟的麵包，最特別的是還附上整顆烤好的大蒜；主廚教我們像抹果醬般的將烤得軟軟的大蒜抹在麵包上，再蘸點橄欖油，往口裡一

放，初榨橄欖油帶出麵包的鹹香，大蒜綿密的化在嘴裡，味蕾剎時像在口中吟唱起義大利歌劇。要不是理智告訴我這只是開胃菜，真的、真的給我這就飽足一餐了。

食材高檔、手藝高超

　　主餐分別點了「Pine Seed Crust Lamb Loin」(羔羊排)、「Crispy Pen Fried Seabass」(魚排佐番紅花義大利米)、「Ciao Pizza」。厚厚的羔羊肉搭配蔬菜燉燴的豆子，燉得香軟的豆子淋上肉汁，一點也沒有令人擔心的羊騷味，肉質軟嫩得讓不吃羊的朋友還以為這是牛肉呢！魚則是整片新鮮的魚肉，主廚高超的盤飾技巧讓多種鮮綠的生菜高高交疊在魚肉上，健康陽光的感覺絕對可以馬上征服愛漂亮

又想要健康的女性。煎得香酥的魚皮用刀輕輕一劃，魚肉便輕鬆分離，入口後幾乎是馬上蹦出驚訝聲：「肉質怎麼還可以這麼鮮彈！？」而底層的番紅花燉義大利米，透著高雅陽光般的金黃色，果然是高級食材番紅花啊！真心推薦來Ciao Italian一定要品嘗看看。

Data

Ciao Italian
地址：107/1 Phetkasem Beach Road.
Hua Hin77110, Thailand
(Hua Hin Marriott Resort & Spa)
電話：+(66)3251-1881
傳真：+(66)3251-2422
網址：www.marriott.com/hotels/
hotel-photos/hhqmc-hua-hin-marriott-resort-
and-spa
營業時間：12:00～15:00、
　　　　　18:00～23:00

帥哥主廚的美食新主張

洲際飯店Felicita餐廳
Intercontinental Hotels & Resorts

引味入勝，寵愛味蕾

開放式的廚房設計、綠意盎然的蔬果食材、五顏六色的調味料、大鍋裡沸著煙的湯汁，再加上帥氣挺拔的主廚Kent Arnon Masanglong一口標準的中文「您好」，讓我還沒用餐，嘴角就揚起幸福的微笑。Kent得知我們來自台灣，很興奮的告訴我們他曾經當過上海、香港、台灣飯店的行政主廚，也曾經在曼谷為泰皇掌廚，讓我們對即將登場的午餐充滿期待。

當前菜像一艘長舟划入眼簾時，驚豔的讚嘆聲便此起彼落，小巧玲瓏像藝術品似的，精緻得讓人不捨入口。主餐之一是芒果鴨肉炒飯，鴨肉小丁與米飯一同炒得香鬆，再配上鮮黃多汁的芒果，不同的風味在口中化開，味蕾像被滿滿的寵愛著；主餐之二的泰式炒河粉，雖是國民美食料理，但在Kent的烹調魔法之下，均勻拌上特調醬料的河粉，透著晶瑩的色澤，口感Q彈濃郁、香氣迷人。

更精彩的是甜點，要收服女人的胃怎麼能少了它！這令人難忘的甜點我稱它為「泰式香蕉船」，用椰漿熬煮過的溫熱香蕉，與上頭的椰子冰淇淋冷熱激盪出絕妙滋味，好吃得讓我絕對可以為它再空出一個胃的空間。

Data

洲際飯店Felicita餐廳
地址：33/33 Petchkasem Road, Prachuabkhirikhan Hua Hin 77110, Thailand(Intercontinental Hotels & Resorts)
電話：+(66)3261-6999
傳真：+(66)3261-6555
E-mail：rsvn@ichuahin.com
網址：www.ichotelsgroup.com/intercontinental/en/gb/locations/huahin
營業時間：早餐、午餐、晚餐

在泰亭風格中享用無國界料理

Rim Nam
Anantara Resort&Spa

生菜與蘸醬交織的絕美滋味

在Anantara Resort&Spa池畔的Rim Nam，賣的是道地的泰國料理。

泰國小吃攤上常會見到滿盆的生菜讓客人自行取用，印象最深刻的是在曼谷的札多札週末市集(Chatuchak Weekend Market)，沿著公園外圍一長串的路邊攤，原本就小小擁擠的桌子，生菜總是堆疊得比坐著吃麵的人還高，讓

我對泰國人愛吃生菜的習慣留下相當深刻的印象。但是，當在Rim Nam的第一道菜出現的是超大盤的新鮮蔬菜時，還是讓我傻眼，尤其是一旁紅紅黃黃綠綠各式不同的泰式蘸醬，心想：「真的都可以生吃嗎？」一旁帥得像模特兒的型男服務生看出我們的猶豫，親切又專業的要我們試試不同蘸醬來品嘗這些蔬菜的鮮甜。我像個孩子似的，切成長條的蔬菜變成了畫筆，蘸醬變成了顏料，拿不同的蔬菜跟不同的醬料嘗試各種搭配，味蕾成為美麗的畫布，當下就了解為何泰國人熱愛生吃蔬菜。

陶甕香米口感Q，咖哩香味氣迷人

海鮮綠咖哩是我最喜歡的泰國菜之一，加了椰漿的綠咖哩，濃郁滑順，配上用陶甕蒸出、特別香Q的泰國米，不一會兒，整盅飯就吃得精光。我發現這裡雖然賣的是很一般的泰國菜，但無論是食材的選用或烹調的方式，都在在表現出主廚細膩的烹調工法。

Rim Nam的營業時間只有晚上，用餐時間還有琴師現場演奏傳統泰國古典樂器，浪漫燭光配上悠悠樂曲，在泰式花園中品嘗地道的泰國菜，真是「泰」享受了！

Data

Rim Nam
地址：43/1 Phetkasem Beach Road
Hua Hin 77110, Thailand
(Anantara Resort & Spa)
電話：+(66)3252-0250
傳真：+(66)3252-0259
E-mail：huahin@anantara.com
網址：spa.anantara.com
營業時間：18:00～22:00(時間會依店家作息調整)

俯瞰夕陽絕景的頂級中式饗宴

White Lotus Restaurant
Hilton Hua Hin Resort & Spa

五星中餐佐以天色海景

地處華欣最佳地理位置的Hilton Hua Hin Resort＆Spa，是歐美人士來此度假的首選，因此常常一房難求。如果你錯過了住房，請一定不要錯過到Whit Lotus Restaurant用餐，這裡是華欣唯一的中式餐廳，也是許多報章雜誌推薦必來的餐廳之一。

肉質細緻的鱈魚常見的作法就是清蒸，因為煎炒方式很容易將魚肉弄散，所以當我看到菜單上寫著「Wok Fried Snow Fish Fillets with Leek in Black Bean Sauce」時，就一定要點來吃吃看。一上桌，果然是簡簡單單的蔥、薑跟醬油調味，保持完好姿態的雪白魚肉在琥珀色醬汁裡，色澤極美，讓出國旅遊一向不愛吃中國餐館的我能撫慰思鄉的胃腸。

令人驚豔的中式功夫菜

一整隻透著紅亮色澤的美麗北京烤鴨上桌時，讓我忍不住發出驚嘆聲！要將鴨子烤得熟透且保有水分，傳統的師傅得掛爐並不斷調整位置控制火候，烤好時才又不會因為熱漲冷縮讓鴨子皮綻肉破。沒

想到可以在異國看到這道功夫菜！將肉薄薄片下的刀工，也足見主廚的功力。這裡的餅皮做得比較小，除了包蔥還有大黃瓜，配上香酥油亮的帶皮鴨肉，不用去北京全聚德大排長龍，還能坐擁無價的華欣夜景，輕鬆獲得皇室貴族般的享受。

餐廳就在飯店頂樓天台，能俯瞰華欣最佳絕景，建議可以比預約時間早一點抵達，黃昏日落時分看著夕陽餘暉將海面照得波光淋漓，此時閃著金黃光芒的華欣，美得令人目眩神迷。暮色變化很快，一下子又披上整片的神祕寶藍色，在這華燈初上的時刻，準備開始好好品嘗連泰皇都大駕光臨的中華料理！

Data

White Lotus Restaurant
地址：33 Naresdamri Road, Hua Hin77110, Thailand (Hilton Hua Hin Resort＆Spa)
電話：+(66)3253-8999
傳真：+(66)3253-8990
E-mail：hua-hin@hilton.com
網址：www1.hilton.com/en_US/hi/hotel/HHQHIHH-Hilton-Hua-Hin-Resort-Spa/index.do
營業時間：週一～五06:00～22:30、週六～日11:00～22:30

能聽見海浪聲的道地海鮮餐廳

Sang Thai Seafood Restaurant Hua-Hin

越嚼起勁，美食、味蕾、繽紛燦爛

　　一進店裡，就聽到海浪的聲音，晚上來這沿著碼頭搭建的餐廳用餐，不用急著搶坐在外面最靠近海的位置，隨著領位的服務生沿著欄杆扶手曲曲折折的走著，就會發現海浪正規律的打在水上的用餐區，雖然晚上看不清海，但只要一坐下，不消一會兒就可以感受到海水推上岸的均勻拍浪聲。

　　與其說這是家海鮮餐廳，我倒覺得氛圍像台灣啤酒屋。看看鄰桌的客人，有歐洲觀光客，也有好多桌泰國人，當下覺得放心不少，因為連當地人都會來吃的地方，味道絕對差不了。那道地的美食該怎麼點？除了店家菜單上的推薦外，最直接有效的方式，就是看看隔壁鄰桌點了什麼？若是很多桌都有出現的菜色，二話不說一定要點來吃吃看！

平凡食材譜出令人驚豔的好味道

　　跟啤酒最速配的就屬「一日魷」，將當天清晨捕獲的魷魚日曬後切塊，不需裹

粉直接酥炸，嘗來鮮甜彈牙又爽口，一口啤酒、一口魷魚真可說是人間美味。魷魚生長在非常深海的地方，相較之下，台灣東海岸的深海魚場比較容易出現，只是數量較為罕見，更顯這「一日魷」的可貴。

讓我驚豔的是用小火鍋盆端上的「魚子湯」，顧名思義魚子就是魚卵，但看到滿滿一盤大小如一顆顆珍珠般的魚卵，微微透著光澤，個個飽滿Q彈，像極了剛浮出滾燙熱水的小粉圓，要不是還有著紅色的酸辣湯底跟長豆，真會以為是鍋甜湯呢！而入口的魚子也讓我想起珍珠奶茶，越嚼越起勁，再配上酸辣湯，剎時味蕾繽紛燦爛。

加了香茅、根薑清蒸的孔雀蛤，作法簡單，輕易提出孔雀蛤的鮮甜，明明是再熟悉不過的食材，用泰國在地的香料烹調後，味覺像是初見面似的既驚豔又興奮，停不住的一口接著一口。

Data

Sang Thai Seafood Restaurant Hua-Hin
地址：Fishing Pier, Hua Hin 77110, Thailand
電話：+(66)3251-2144
營業時間：10:00～24:00(時間會依店家作息調整)

▶ 挑逗名媛味蕾的魔法甜點

Asara Thai Bistro
Asara Villa & Suite

時尚春捲秀，爆漿好滋味

　　Asara Villa & Suite大廳下方的Asara Thai Bistro，有著極時尚的空間，方方正正的舒適大座位，桌上綴有小巧花飾的餐具，讓人第一眼就深深愛上、不想離開。

　　在這裡，連春捲都時尚了起來！炸得細細長長，像個時髦的小點，讓人可以很輕巧的拿起，一邊悠閒跟好友聊天，一邊輕蘸喜歡的醬汁，一派小酒館的優雅。「Asara New Zealand Lamb Rack」一上桌，便散發羊肉特有的香氣，燒烤得恰到好處的小羊排，肉質軟嫩、入口即化，洋芋泥和著肉汁，滋味濃得化不開，很適合不好意思大口吃肉的小姐們。

　　如果你跟我一樣無法抗拒巧克力的誘惑，那千萬不能錯過「Chocolate Marquise」，上層是含有純巧克力塊的蛋糕，口感扎實、苦甜而不膩，每一口都嘗得到醇濃的巧克力香；下層是香酥的巧克力脆片，將甜度做不同的運用，讓巧克力的香甜得以留在舌頭末梢，把唇舌都挑逗了起來。

Data

Asara Thai Bistro
地址：53 Hua Hin Soi 5 Prachuab Kirikhan 77110, Thailand
(Asara Villa & Suite)
電話：+(66)3254-7555
傳真：+(66)3254-7762
E-mail：info@asaravillaandsuite.com
網址：www.asaravillaandsuite.com/template.php？page=Asara_Thai_Bistro
營業時間：早餐、中餐、晚餐

棕梠樹前的海洋輕食

Rest Scene
Rest Detail Hotel

一口蘿蔓一口龍蝦，
味蕾滿足快意濃

輕快踏上Rest Detail Hotel的階梯，通過Lobby(大廳)整片白的挑高長廊，隨著延伸出去的視線，整排的棕梠樹，泳池彷彿連著海洋，而Rest Scene的位置就在這片藍之前。用餐的戀人融入景色中，宛如一張美麗的明信片，閃耀著屬於夏天的藍。

首先登場的麵包籃，4種法國麵包烤得暖香，抹上特製的鮪魚醬或烤得綿綿入口即化的蒜頭，特愛西點的我忍不住想把整籃的麵包全裝進肚子裡，光這籃麵包就著實收服了我的胃。接下來的凱薩沙拉，令人驚艷的鋪上了龍蝦，緊實的蝦肉用眼睛就看得出它的鮮度，一口蘿蔓、一口龍蝦，味蕾滿足不已。

主菜端出了由鮭魚、鱈魚、海鱸、鮪魚層層交疊的海洋千層派，濃郁的番茄奶油醬、碧綠的菠菜醬和細緻的魚肉完美演繹出海洋協奏曲，下層的義式燉飯香濃得化不開，每一口都令味蕾不斷讚嘆。

Data

Rest Scene
地址：19/119 Soi Hua Hin 19
Tambol Hua Hin, Amphur Hua Hin
Prachuabkhirikhan 77110, Thailand
(Rest Detail Hotel)
電話：+(66)3254-7733
傳真：+(66)3254-7722
E-mail：rest@restdetailhotel.com
網址：www.restdetailhotel.com/
restscene.htm
營業時間：11:00～23:00

嗆勁地道的泰式住家海鮮

Youyen Hua Hin Balcony Beach Restaurant

邊享受創意美食邊長知識

　　Youyen Hua Hin Balcony Beach Restaurant位於沿海附近，以環境上來說是相當優美雅致的，在此用餐也可得到比較輕鬆的感覺；這裡同時有好幾家餐廳，但分屬不同的飲食場所，彼此不會互相干擾，所以注意可別走到獨棟的方向。

　　料理偏純泰式美食，口味上也稍重了些，像是涼拌青菜，除了青菜、辣椒外，還加了皮蛋，這口味夠奇怪了吧！？為了體驗不同的吃法，我先是吃了青菜並夾雜著辣椒……等佐料，讓青菜的乾澀味不至於太重，並於入口後即刻將皮蛋嚼碎，不過說也奇怪，原本以為乾澀的味道會更濃，但想不到之前所吃的青菜味只剩不到1/3；是故，它並不會把之前的味道給蓋住，但我愚不可及的想法卻讓味蕾裡充滿了皮蛋的味道，當時也才恍然大悟，原來皮蛋不是提味用的，就純粹只是涼拌青菜的食材之一，讓我長了知識，也吃得開心。

美食冒險，樂趣滿載

　　吃了這麼多道菜，當然不是每次運氣都很好，也有吃到難以下嚥的菜色，像是「雪蛤」，或許是我不習慣吧，原本是屬於熟食類的食物，但吃起來卻像只有半熟，肉質底部的血絲還帶了一些泥土的味道，苦澀的感覺過重，讓人完全沒有食慾；後來泰國友人說明，大概是煮法上的錯誤，浪費了美好的食材，十分可惜。但其他的菜色就不至於如此，我心想大概是主廚累了，才搞錯食材的調理方式。

▌Data

Youyen Hua Hin Balcony Beach Restaurant
地址：29, Hua Hin 51 Rd., Hua Hin,
Prachuap Khirikhan 77110, Thailand；
GPS定位：N12° 33.982'、E099° 57.518'
電話：+(66)3253-1191～2
營業時間：09:00～24:00(時間會依店家作息調整)

入門級園林泰式風味料理
Baan Ma-Kham

入門級的泰國美食

　　這裡的口味較不重，以泰式蛋餅的口感來說，不會有黏稠乾澀的油膩感，脆皮本身也保留些許水份，因此沒有一般顯見的焦味；此外，也沒有用太多鹽巴調味，吃起來不會有燥熱重鹹的感覺，算是容易入口的一道菜。

　　對我而言，再多的美食也比不上一盤泰國蝦，為了下足重口味，就點了用各式各樣的泰式香料製作的湯底，佐以鮮美可口鮮蝦的圍爐式火鍋。酸辣的味道不但提昇至另一個境界，也不會蓋住蝦子的風味，反而將汁液融入蝦肉中，使鮮嫩感得以提升，讓酸酸甜甜的滋味觸動了兩眼的淚眼神經，直呼感動。

　　倘若來華欣，晚上一定要抽個時間來此泰國入門級美食地探險一下，相信可以帶給你不同的味覺享受。

尋訪美食新國度

　　要吃東西不難，但要找到想吃的就很難，這兩者的場景若轉換到國外自助旅遊時更難，尤其像筆者本身的腸胃特別敏感，只要食物不乾淨，就立即出現反應。因此，在華欣旅遊時，為了尋找不同口味的美食，我們可是花了很大的心力在尋找，有些地方每天去，卻天天爆滿，讓我們不得其門而入；而有的地方則是需要一點探險的勇氣，例如我現在要介紹的Baan Ma-Kham。

　　它是一座園林式的餐廳，種植了許多樹木，空間算是蠻大的。這間餐館的食物很接近台灣人平時吃的夜市或家常菜色，為了兼顧大家的胃，筆者特別點選一些台灣人比較習慣的菜色，如泰式的蛋餅、肉絲魷魚炒盤⋯⋯等(筆者以內容物命名)，當然還有我最愛的泰國蝦。

`Data`

Baan Ma-Kham
地址：Fung Dang Village,Railwayside,
Hua Hin,Prachuabkirikhan 77110, Thailand；
GPS定位：N12°32.441'、E099° 57.702'
電話：＋(66)3251-3597
行動電話：＋(66)81-943-5265
營業時間：10:00～22:00(時間會依店家作息調整)

Food ▶ 口感十足的甜蜜新滋味
街頭夜市

開胃甜品濃而不稠、甜而不膩

　　為了一嘗華欣當地的特色小吃，我們來到當地人常去吃的夜市，它位在Phetkasem Rd.的Soi 56，簡單的説，路牌會標示「Hua Hin 56」，方位上不難找，主要是往市中心的右手邊方向；若還是無法確認，該街上有兩個地標，一個是殼牌石油公司的招牌，一是兩家相距不遠的7-11便利商店。

　　這個小型夜市擺設了各式各樣的小吃美食，我們特定挑了幾樣食物，其中一樣還蠻特別的，它是用麵包切片沾乳品的方式品嘗。乳品有兩種選擇，一是液態牛奶，甜度不算高；一是類似煉乳的凝固乳品，甜度頗高，為了挑戰我對甜蜜程度的上限，我特地挑了後者來吃，發現只要吃

上6片左右就已達極限，它的濃郁程度在你吃完麵包後，濃郁的乳味還留在味蕾裡，濃而不稠、甜而不膩，很適合當做開胃甜品。

　　雖然這裡的攤位跟熱鬧程度無法與華欣夜市相比，但若想嘗試更道地的地方小吃，倒是很值得大家來逛逛，而且消費也相當便宜，更可貼近當地人的生活圈。

Data

街頭夜市

位置：Phetkasem Rd.的Soi 56，往華欣市中心的右側方向，路牌標示「Hua Hin 56」(其他則為泰文)，殼牌石油公司的招牌與兩家相距不遠的7-11便利商店為地標

營業時間：晚上營業，時間不定

銷魂新享受，美食新天堂
銷魂鴨肉麵

平民美食新主張

　　如果不是在地人兼美食老饕吳大哥帶路，我想就算自己再多來幾趟華欣，也還是走不到這家沒有店名、但被吳大哥形容為「銷魂鴨肉麵」的在地老店。門口掛著燒鴨的攤子，對於以博大精深的中華美食為傲的我們，第一眼真的起不了多大的驚嘆號，心想：「台北好吃的港式燒臘店多得是，這裡怎麼可能厲害到哪裡去？」

　　當老闆端上鴨肉乾麵，平鋪在黃色乾麵上、一片片燒烤得恰到好處的燒鴨肉片就馬上征服了我的視覺，帶薄皮、入口即化的鴨肉有著不可思議的口感，嘴裡滿是鴨肉香，吸飽醬汁的黃細麵還維持著彈性，唏哩呼嚕沒幾口，一碗麵就被我吃光光了，果真銷魂！意猶未盡的接著點了一碗鴨肉湯麵，湯底是老闆用豬骨熬了10幾個小時的大骨湯，除了銷魂鴨肉之外還有包得小巧玲瓏的餛飩，原來鴨肉配上餛飩竟也別有一番好風味！

　　難忘的銷魂滋味讓我在此趟的華欣之行又來吃了幾次，也嘗試菜單上的燒鴨飯及叉燒飯，銷魂鴨肉麵果然還是NO.1！我想，下次再來華欣，一樣是：「老闆，鴨肉乾麵、湯麵各來一碗！」

Data

銷魂鴨肉麵
位置：GPS定位：N12°33.982'、
EO99°57.518'。往市中心方向，
位在Phetkasem Rd.的Soi 80與Soi78路標
中間的空地對面，附近有7-11
營業時間：午餐

美食浪漫之旅，新鮮海鮮甜滋味
正盛

滿蓋鮮蝦粉絲，豪氣飲鮮啤

　　晚上不到7點，門外已經圍著許多待位的人，絡繹不絕的排隊人潮說明了正盛有多夯！老闆酷酷的坐在一旁的機車上，不急不徐的聽著客人點菜，一點都沒有受到一旁等候的人群喧嘩影響，自成一格的緩慢氛圍，像是在無言的告訴大家：「急什麼？美食就是要慢慢等的！」

　　確實，當破破缺角的陶鍋跟著火盆上桌掀蓋的一霎那，熱騰騰的蒸氣和著撲鼻的香氣，就明白一切的等待都是值得的！老闆貼心的將大蝦去好殼，和花枝一同蘸上蛋汁稍微汆燙，有點類似台灣涮涮鍋的吃法，沒有提供蘸醬，而是單靠鮮甜的湯汁，只要食材夠新鮮，嘴裡便滿是暹羅灣的尚青海味。

　　鮮蝦粉絲煲上的蝦子，個頭大得兩隻就蓋滿粉絲，蝦尾吸飽了湯汁卻還是很有彈性。炸螃蟹也是強力推薦，裹上酥炸粉的螃蟹，黃澄澄的模樣，很像日本料理的天婦羅；再配上泰式的酸辣醬料，爽口的讓人忍不住一口啤酒、一塊蟹肉，也難怪一眼望去，每桌都是杯盤狼藉。雖然整桌都是海鮮，卻有大口吃肉、大口喝酒的豪氣。另外，建議不喝酒的人一定要試試人氣凍飲——泰式奶茶，奶香茶濃，保證讓人回味無窮！

Data

正盛
地址：51/6 Dechanuchit Road, Hua Hin 77110, Thailand；在華欣夜市附近的Dechanuchit Rd.與 Naeb-kehardt Rd.交叉口，若從夜市的方向走去，會穿過Soi 72、Soi 57的路牌，再過個路口就會看到7-11，對面就是正盛
電話：+(66)3251-1289
營業時間：傍晚開始營業(時間會依店家作息調整)

百貨美食冒險之旅

張家魚丸麵
Hua Hin Market Village

香氣迷人的泰國四寶提味料

在Hua Hin Market Village華欣購物中心的美食街裡，有個用中文寫著「張家魚丸裹麵條用頂上魚片配製」的招牌，很自然地吸引了我。

除了魚丸，還有其他相當多的選擇，如熟悉的燒鴨、叉燒、餛飩……等。友人點了「Mixed Fishballs with Sweet Sour Spicy Noodles」(酸辣魚麵)，既酸又辣，辣度直逼中級麻辣，很適合嗜辣者挑戰！既然主打魚丸，我的慣例是直接來個招牌，但一看菜單，光是魚丸就有很多不同的排列組合，我被「魚麵」粗粗的麵條給吸引了，故點了一份「Mixed Fishballs with Fish Noodles」(綜合魚丸魚麵)。麵條是用魚漿直接手工切長條下水煮，綜合魚丸中除了圓滾滾的魚丸是我們平常熟悉的

模樣，其他配料看起來反倒像關東煮；不過，關東煮的原料主要也是魚漿，真要說是魚丸倒也不是那麼不妥。丸子一口咬下，魚香滿溢、彈性十足，難怪店家自豪的寫著用頂上的魚片配製。

此外，筆者超喜歡泰國小吃桌上擺的調味料，我叫它「泰國四寶」，這四寶分別是魚露、乾辣椒粉、白糖、辣椒醋水。同樣一碗麵，不同的人加入四寶，調出來的味道就是不同，好吃又好玩。

Data

張家魚丸麵
地址：234/1 Phetkasem Road, Hua Hin, Prachuabkhirikhan 77110, Thailand (Hua Hin Market Village)
電話：+(66)3261-8888
網址：www.marketvillagehuahin.co.th
營業時間：10:00～21:30(時間會依店家作息調整)

快樂，從做菜的趣味開始

Sofitel Luxury Hotels

美味人生，幸福的味道

　　這是個意外，一開始只是友人想要了解飯店的住宿與廚藝課程，沒有想到在聽完服務人員解釋後，她覺得非常有趣就立刻報名。不過，由於我的程度實在不怎麼適合料理，於是我們從基礎的課程開始學起。

　　Sofitel的學習方式很特別，早上9點帶大家去市場看看食材與調味料，了解泰式料理的元素，進而建立一些基本常識；之後就開始我們4道料理的課程了。學生大部分是歐洲人，可以看出他們特別喜歡華欣的優雅環境，往往我在此工作時，總覺得若是自己國家的人民也能用輕鬆自在的心境來長期度假的話，或許會有更豁達的人生態度。

　　在所有的料理中，比較能符合我的程度的是「Tom Kha Gai」，主要是用雞肉搭配椰奶，再綜合其他調味料就可以完成，十分簡單。

　　此外，還有一件最令我開心的事，就是有一位歐洲人特別會擺盤，他知道我是來工作的攝影師，便相當用心的調整他的料理，使我的拍攝過程非常順利，真的非常謝謝他。

Data

Sofitel Luxury Hotels
地址：1 Damnernkasem Road, Hua Hin Prachuab Khirikhan 77110, Thailand (Sofitel Luxury Hotels)
電話：+(66)3251-2021
傳真：+(66)3251-1014
E-mail：sofitel@sofitel.co.th
網址：www.ofitel.com/gb/hotel-0891-sofitel-centara-grand-resort-and-villas
建議課程：基礎料理課，泰銖2,000元
注意事項：課程採預約制，可付現或刷卡

Sala Thai Restaurant

入門料理課程滿足所需

　　相信很多人跟我一樣，喜好美食卻不得其門而入，亦或是毫無美食的養分，常弄巧成拙。

　　Hua Hin Marriott Resort & Spa所設立的Sala Thai Restaurant就有入門的泰式料理課程，只要事前預約，並選擇適合自己的課程與價格，他們就會幫你準備好所有材料。很帥氣的主廚一開始會先說明今天料理所需的材料與步驟，再針對不同程度的學員做適度的輔助。完成後，主廚會試吃每個人的菜色，並給予一些意見。最後，還很正式的頒發了證書與泰國美食書，讓人覺得非常有成就感。

　　藉由此簡單的學習過程，筆者慢慢發覺，泰式料理中提味用的材料才是真正的學問，倘若能花更多時間去了解，相信對喜好泰國美食的人有很大的幫助。且每次到泰國都能有類似的學習之旅，學到各地不同的料理方式，即便如美食低能兒的我來說，都有莫大的助益。

Data

Sala Thai Restaurant
地址：107/1 Phetkasem Beach Road.
Hua Hin77110, Thailand
(Hua Hin Marriott Resort & Spa)
電話：+(66)3251-1881
傳真：+(66)3251-2422
網址：www.marriott.com/hotels/hotel-photos/
hhqmc-hua-hin-marriott-resort-and-spa
建議課程：基礎料理課，泰銖1,200元
注意事項：課程採預約制，可付現或刷卡

曼谷 Bangkok

炎熱的天氣就如同泰國人的熱情，
融化了每個到此的旅人；而曼谷也總是充滿各種的可能性，
吸引我去發掘、探索，讓內心深深為這個城市感動。
它是現代的國際大都會與設計之都，
但也充滿了深度的文化力量，讓這城市更顯見它的Soft Power。

機場

Suvarnabhumi Airport 蘇汪納蓬機場
天使之城，飛翼世界的設計之夢

Suvarnabhumi Airport蘇汪納蓬機場
電話：+66(0)2132-1888
網址：www.suvarnabhumiairport.com
入市區的交通方式：從Suvarnabhumi Airport蘇
汪納蓬機場的出境大廳下樓到B1，搭乘Airport
Rail Link(機場快捷)至曼谷市區的BTS(Bangkok
Mass Transit System曼谷軌道交通系統)Phaya
Thai站；Express Line直達車車資泰銖150元、
City Line區間車車資泰銖約15～45元；時間約
30分鐘(機場快捷地圖見P.147)

從淺到深完美展現泰國印象

曼谷Suvarnabhumi Airport蘇汪納蓬機場將泰國的微笑服務精神融入機場的開放設計，帶出柔性文化的氛圍，使機場不再生硬冷漠。以明亮、線條為主調，再將傳統文化的建築設計置入空間中，引出機場的設計軸線。

機場於西元2006年9月28日正式啟用，以泰式美學的架構，結合西方的設計思維，展現出東西方融合的含蓄開放精神，並賦予文化的內涵，由淺到深，處處可見泰國印象，使之成為名副其實的國際機場。在空間使用的範疇上，設計師以相同的主題，做出不同的設計，把購物、美食、Spa、網際網路的空間呈現出不同的意象風格。如精品購物區的每個區域都會帶有盤狀的裝置建築，使空間呈現不同的交錯；再如在機場中段設置的傳統泰式建築，是以文化概念所築成的購物空間，讓充滿現代線條的建築多了一些輕鬆之味。如此不同的設計，使生活體驗串聯成一體，巧妙地呈現出不同於其他機場的文化饗宴。

自然環保的設計規劃理念

　　全方位弧形骨架設計的Suvarnabhumi Airport蘇汪納蓬機場，內外主要包覆覆膜材料，確立機場的風格走向，並運用了透明材質與井字型架構，營造空間的穿透性，使整體空間的採光相當明亮、素雅，即便是炎熱的天氣也不會感到悶熱，省卻了不少空調與燈光費用，是以自然環保理念設計的機場。

　　由於如此，Suvarnabhumi Airport蘇汪納蓬機場在候機室與過境走道的區域規劃也著力甚深，用空間的中軸做為立體切割面，視覺焦點穿透了透明玻璃的牆面，為層層疊出的空間展延做出錯位的效果，建立起交織複雜的多維空間感，讓上下兩層不同的候機休憩室透過光線的明亮色彩，賦予新的生命力。

　　過境走道的規劃與候機室長廊一致，迥異點在於水泥樑柱的外觀裸露，帶些灰色、沉穩卻不失俐落的線條，巧妙地呈現給過境的旅客。

　　走廊盡頭後端，我們看到了經營者帶給大家的驚喜，雖然快到海關了，但為減少旅客的壓迫感，設計師就在通關前的偌大空間裡置入許多購物商店，並在迴廊上的玻璃側邊內種植了大量綠色植物，將生硬的科技產物轉化為大自然的造物。

藝術讓等待變得更美好

出境大廳先以大面積的落地窗引入光線，讓裸露的水泥磚面做為視覺引流，建立起空間感；而為了快速指引遊客找到出口，每個門上都會標示明顯的阿拉伯數字，並在兩側設置提供旅遊咨詢的服務台。

只是，越複雜的空間設計，在資訊看板的規劃上就要越注意。筆者到泰國許多次，幾乎每次都會被他們的看板給打敗，因為很多資訊都擠在一起，沒有做適度的切割，往往中間加個數字，就會混淆簡單的資訊，這方面是值得改進的。

不過，等待行李時，發現機場側面的牆面置放了長幅畫作，使得等行李不再是一件無聊的事。我發現，從機場的設計概念裡就可以了解，泰國的文化特色是以品味美好的生活為出發點，他們或許沒有高科技，但卻有十足的生活養生美學；無須大量的財富，快樂微笑才是簡單的人生哲學。

清淡雅致的科技品味

此外，機場捷運以開闊的疊層概念來降低複雜的引導路程，有種清淡雅致的科技品味。讓機場充滿泰國元素。

Thailand Creative & Design Center (TCDC)泰國創意與設計中心

文化的種子，靈糧的養分

Thailand Creative & Design Center (TCDC)泰國創意與設計中心
地址：6th Fl. The Emporium Shopping Complex 622 Sukhumvit 24, Bangkok 10110, Thailand(Emporium百貨公司6樓)
電話：+66(0)2664-8448
傳真：+66(0)2664-8458
E-mail：info@tcdc.or.th
網址：www.tcdc.or.th
開放時間：週二～日10:30～21:00
交通方式：下BTS的Phrom Phong站，出站後看到Emporium百貨公司，前往6樓即抵

融合本身文化元素的泰國藝術設計

近年來泰國的藝術設計已經成為顯學，簡單又實用的哲學理念，輔以多變的質料與色彩運用，實在讓人大感驚喜。

從這裡，除了可以看到世界各地的時尚產業演進外，也可以窺見未來的設計趨勢，而當地富有特色的設計產品或純作品也會在 Thailand Creative & Design Center泰國創意與設計中心不定期展出。

泰國的藝術設計已經徹底融合在本身的文化元素中，讓人不會有突兀之感；藏於內心的深度，引流至每個人的細胞裡，因此每次來此國度都會有不同驚喜。

翻攝自館內作品

記錄只是為了讓記憶更深刻，寫藝術、話設計，請用心來翻閱這世界，讓片片字語刻印在腦海裡。

藝術增加生命的感性

看到這鳥巢，內心突然有種安定感，好像是兒時的祕密基地一樣，想窩在裡面躲起來，再揪著棉被包住全身。我承認自己對這設計有種強烈的認同感，它給了一種溫度，空間狹小卻想像無限，或許主要還是自己所欠缺的安全感吧！不過，若就只是為了設計而設計的話，那這些純意識的作品也沒有太多意義了，畢竟，作品是要陶冶人的非理性，讓生命多點感性，人生才能找到自己的出口。

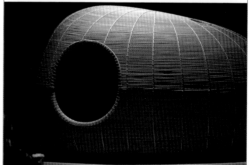

國際視野，本土想像的技藝創作

Dous shop

引領時尚的低調線條

記得在TCDC時有看到一個設計款式的環保包，品牌名稱為「Dous Shop」，是一位泰國本土設計師所設計的包包，若從外觀來看是一個可手提的小背包，但打開後就是一款肩揹的大背包。

外型相當迷人，具引領時尚的低調線條與反差分明的色彩，融入泰國真正的設計調性，簡單實用。只是我們一直找不到

購買點，直到在綜合購物中心King Power的1樓購物區時，才發現此地有販售，但約略泰銖3,000元起的價格不便宜就是了。

Dous Shop
地址：8 King Power Complex Rangnam Rd., Phayathai, Ratchathewi, Bangkok 10400, Thailand(King Power)
電話：+66(0)2667-8899
傳真：+66(0)2667-8898
E-mail：hotline@kingpower.com(客服中心)、
 webmaster@kingpower.com(技術中心)
網址：www.kingpower.com/2009/index.php
交通方式：下BTS的Victory Monument站，於站旁的Century The Movie Plaza側面搭乘King Power接駁車前往即可

Jim Thomson

泰絲經典，名揚國際

雖然創辦人是美國人，但由於他眼光獨具，將泰國的絲綢提升至國際品牌。我喜歡它迷人多變的色彩線條，有些做工相當細膩的包包更是低調奢華，可見該品牌的深度已往多方位的層面發展，吸引了不同的使用族群。

Jim Thomson
地址：The Thai Silk Company Limited 96 Soi Pungmee 29 Sukhumvit 93 Road, PO Box Onnuch 88, Bangchak, Prakanong, Bangkok 10260, Thailand
電話：+66(0)2762-2600
傳真：+66(0)2762-2609
E-mail：office@jimthompson.com、
 executive@jimthompson.com
網址：www.jimthompson.com
交通方式：下BTS的National Stadium站，出站後右轉Soi Kasem San 2，直走到底即達

It's Party Time

簡單的快樂生活

　　簡單的卡片語言，道盡了泰國人的快樂生活，他們不需要複雜，也不需要麻煩，人生要懂得即時行樂。

It's Party Time
地址：6th Fl. The Emporium Shopping Complex 622 Sukhumvit 24, Bangkok 10110, Thailand(Emporium 百貨公司6樓)，Thailand Creative & Design Center(TCDC)泰國創意與設計中心內
交通方式：下BTS的Phrom Phong站，出站後看到Emporium百貨公司，前往6樓即抵

alie_F生活系列

讓刷牙更快樂，讓牙刷更趣味

　　由alie_F公司所設計的「One Morning牙刷」系列，讓我在TCDC的購物店佇足觀看了許久，它的特色在於牙刷可以立著或吊掛兼站立，讓日常生活常見的用品更顯人性，貼切地把設計帶入生活。

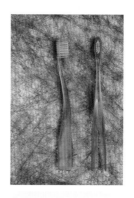

alie_F生活系列
總公司
地址：No. 24, Soi Sukhumvit 43, Klongton Nuer, Wattana, Bangkok 10110, Thailand
電話：＋66(0)2662-5332
傳真：＋66(0)2258-1429
E-mail：welcome@onemorning.net
網址：onemorning.net/ONE_MORNING_by_alie_F/Home.html
TCDC門市
地址：6th Fl. The Emporium Shopping Complex 622 Sukhumvit 24, Bangkok 10110, Thailand，Emporium百貨公司6樓
交通方式：下BTS的Phrom Phong站，出站後看到Emporium百貨公司，前往6樓即抵

Art Gallery
感受純粹的軟性力量

Art Gallery
地址：939 Rama 1 Road, Wangmai,
Pathumwan, Bangkok 10330, Thailand，
MBK(Mah Boon Krong Center)購物中心對面
電話：+66(0)2214-6630～8
傳真：+66(0)2214-6639
網址：www.bacc.or.th
開放時間：10:00～21:00
交通方式：下BTS的National Stadium Station
站，Art Gallery就位於出口對面

激盪想像力，認識國際藝術

　　在曼谷，想要提升自我的心靈內在，Art Gallery就是最好的地方。9層樓的空間，B1是閱讀室，其餘大多是藝品展示與藝術家駐村的地方，可以看到有趣的作品，讓你激盪出想像的力量。

　　這地方所要表達的就是純粹的軟性力量「Soft Power」，一種可以帶起個人隱性能量的力量，透過藝術文化的視覺傳達，逐步提升泰國人的文化素質。

　　另外，8、9樓常有大規模的聯展，且多是國際性的展出，可以看見不同國度所撞擊出來的火花。

戲劇表演

Aksra Hoon Lakorn Lek Program
文化國粹，泰國之光

Aksra Hoon Lakorn Lek Program
地址：8 King Power Complex Rangnam
Rd., Phayathai, Ratchathewi, Bangkok 10400,
Thailand(King Power)
電話：＋66(0)2677-8888
E-mail：rsvn_aksratheatre@kingpower.com
網址：www.aksratheatre.com
交通方式：下BTS的Victory Monument站，於
站旁的Century The Movie Plaza側面搭乘King
Power接駁車前往即可
表演時間：週一～三19:30
注意事項：現場不得拍照攝影

翻攝自表演海報

ENJOY SEEING
AKSRA HOON LAKORN LEK

BUY 1 GET 1
FREE!

翻攝自表演海報

泰國傳統偶戲美

　　若想欣賞真正的泰國文化，Aksra Hoon Lakorn Lek Program絕對會令你感動！

　　多年前曾在義大利獲獎，是個充滿泰國文化養分的木偶表演團體，結合了泰國傳統表演樂曲，以3人合力操作一個木偶的方式，在沒有布景的情況下於觀眾面前表演，有點類似台灣的傳統布袋戲，但他們沒有搭建舞台，人員都在觀眾眼前操作，可增加臨場感，因此較可以用細膩的手法表現出戲劇的故事情緒。如大翼神鳥迦魯達的舞蹈，敘述的是拉瑪一世王的名著「烏拉魯」，為一齣祈求和平的戲碼，整齣戲就用意象的表演方式，搭配樂曲來引領劇情。

　　唯近期該團體較不受重視，大家都偏好大眾化的大型劇場，令筆者感到惋惜。就如當時與友人去欣賞時，戲院也沒有公告就把表演時間改至冷門時段，有點不尊重該團體表演的空間。

　　我想，文化需要長期培養，不能用短視近利的方式來犧牲自身的內涵，即使外國人看不懂，只要稍做字幕翻譯，會有更多人去欣賞的。

曼谷‧歇處

Anantara Baan Rajprasong Serviced Suites

Anantara Baan Rajprasong Serviced Suites
地址：3 Soi Mahardlekluang 3, Rajdamri Road Lumpinee, Pathumwan, Bangkok 10330, Thailand
電話：＋66(0)2264-6464
傳真：＋66(0)2264-6465
E-mail：inforajprasong@anantara.com
網址：rajprasong-bangkok.anantara.com
交通方式：下BTS的Ratchadamri站，出站後左轉第一個巷子即抵

年輕設計感的精品旅館

我向來喜歡GHA(Global Hotel Alliance)全球飯店聯盟的設計風格，因地制宜、從不重覆；若說它是飯店，不如說是很有年輕設計感的精品旅館。

由於受制於都會空間的限制，設計者不免俗的在大門外以圓環噴泉的方式舒緩空間的急促感，讓時間隨著水流靜止。旅館本身採用鋼性的構體建造，並以簡單明確的淺色系融合了順向的光線，營造出溫潤的細緻；弧形的線條延伸出整體的立體感，富而不雜的窗邊透光，讓初次走進的人有種身心舒適解放的感覺。

內斂自在的用餐環境

　　在用餐環境上，吧檯上方運用了Z字型設計的天花板，形塑了內斂、突顯了自在，使得崁入的直束金屬吊燈層次更分明，並添增了鋼性之美。此外，整體空間混合了淺色與深色，並以暖色調的燈光點綴，讓低調的色系不至於突兀。

精緻的饗宴，讓時間變得緩慢，即使是在飯店裡也能度過美好的時光。

午後與友人聚餐，看到此物以為是糖果，啃了兩支後才知道是用來泡咖啡的糖衣，讓我長了見識。

住宿空間都會雅痞

　　Anantara的房間帶有都會雅痞的味道，打開門簾，難得的綠意都市景觀即刻呈現在眼前；風、光線、綠林與房內簡易掛畫的裝飾空間立刻形塑一種對比，使微風吹拂樹林的細聲，變成一種甦活的綠葉素能量。

AK House

曼

AK House
地址：90 Sukhumvit 81 Road prakanong Bangjak Bangkok 10260, Thailand
電話：+66(0)8583-77678
E-mail：akhousebkk@gmail.com
網址：www.akhousebkk.com
交通方式：下BTS的On Nut，出站後從Tesco對面的巷子(81 Road)左轉，走250公尺就會看到7-11，AK House就在對面

背包客的溫馨家鄉味

　　AK House位在BTS(Bangkok Mass Transit System曼谷軌道交通系統)末尾的On Nut站，是一棟高級的住宅大樓，會選擇這裡住宿的原因除了網路上的口碑外，更是一種思鄉的情懷。

　　主人是一位台灣女孩，她説當初憑著一股傻勁才來曼谷開民宿，途中也搬了幾次家，直至最近才稍微穩定下來；而她的泰文還是初來乍到時才學習的，可見相當用心在融入當地的生活。且住客大多是台灣人，在語言不同的國度裡能説著自己的話語，是最快意不過的了。

　　與其説AK House是民宿，我更想給它一種家的定義，畢竟有個傻大姐能無時無刻提供你在地的旅遊諮商，總比人生地不熟來得好。

　　房內彩繪由當地的藝術家所創作繪製，因此每間房的樣式都不同，簡單優雅的設計，符合背包客的需求；此外，還提供免費無線網路，不必擔心資訊失聯；而晚上找不到地方吃東西、買東西時，只要AK時間允許，可是會陪大夥去喔！

　　大樓樓下還有非常棒的精油按摩，建議來此住宿的人一定要去嘗試。

Mango Tango
便宜大碗的芒果冰品連鎖店

Mango Tango
位置：Siam Square Soi 5
電話：+(66)8161-95504
E-mail：hello@mymangotango.com
網址：www.mymangotango.com
交通方式：下BTS的Siam站，往Siam Paragon
百貨公司對面的購物街，走至街底即抵。

甜而不膩的極致冰品

　　Mango Tango位在BTS(Bangkok Mass Transit System曼谷軌道交通系統)的Siam站，這一帶是曼谷的精華區，Siam Paragon百貨公司對面又有類似台北西門町的街頭，是我在曼谷最喜歡的地方，逛起來比扎多扎週末市集(Chatuchak Weekend Market)舒服多了。

　　濃而不膩的Mango Tango冰淇淋，搭配芒果不會有像在吃色素的感覺，難怪這間店一直門庭若市；最重要的是，該店以美式塗鴉做為牆面的底色，輔以直束式的迷你鳥籠吊燈，以直覺簡單的調性，引出「吃冰」的心情。

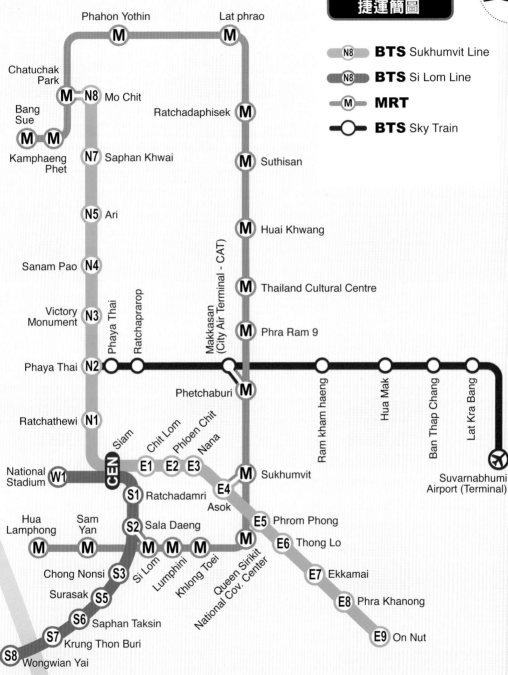

Phahon Yothin

Lat phrao

N8 **BTS** Sukhumvit Line

N8 **BTS** Si Lom Line

M **MRT**

BTS Sky Train

Chatuchak Park

Mo Chit

Ratchadaphisek

Bang Sue

Kamphaeng Phet

Saphan Khwai

Suthisan

Ari

Sanam Pao

Huai Khwang

Victory Monument

Thailand Cultural Centre

Phaya Thai

Ratchaprarop

Makkasan (City Air Terminal - CAT)

Phra Ram 9

Phaya Thai

Phetchaburi

Ram kham haeng

Hua Mak

Ban Thap Chang

Lat Kra Bang

Ratchathewi

Siam

Chit Lom

Phloen Chit

Nana

National Stadium

Sukhumvit

Ratchadamri

Asok

Suvarnabhumi Airport (Terminal)

Hua Lamphong

Sam Yan

Sala Daeng

Phrom Phong

Thong Lo

Chong Nonsi

Si Lom

Lumphini

Khlong Toei

Queen Sirikit National Cov. Center

Ekkamai

Surasak

Phra Khanong

Saphan Taksin

Krung Thon Buri

On Nut

Wongwian Yai

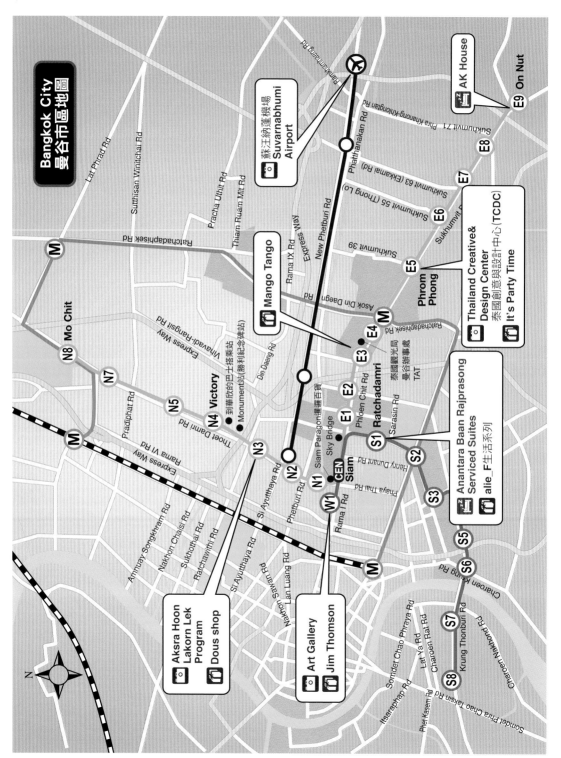

Bangkok City
曼谷市區地圖

Suvarnabhumi Airport
蘇汪納蓬機場
Suvarnabhumi Airport

AK House

E9 On Nut

E8

E7

E6

E5 Phrom Phong

Thailand Creative& Design Center
泰國創意與設計中心(TCDC)
It's Party Time

Mango Tango

E4

E3

E2

E1

M Ratchadamri

泰國觀光局 曼谷辦事處 TAT

S1

S2

S3

S5

S6

S7

S8

Anantara Baan Rajprasong Serviced Suites
alie_F生活系列

N8 Mo Chit

N7

N5

N4 Victory

到華欣的巴士搭乘站
Monument站(勝利紀念碑站)

N3

N2

N1

CEN Siam

W1

Sky Bridge
Siam Paragon暹邏百貨

Aksra Hoon Lakorn Lek Program
Dous shop

Art Gallery
Jim Thomson

Phtthanakan Rd

Phahonyothin Rd

Sukhumvit 71

Phra Khanong-Khlongtan Rd

Sukhumvit 63 (Ekkamai) Rd

Sukhumvit 55 (Thong Lo)

Sukhumvit 39

Sukhumvit Rd

Asok Din Daeng Rd

New Phetburi Rd

Express Way

Rama IX Rd

Ratchadaphisek Rd

Pracha Uthit Rd

Thiam Ruam Mit Rd

Sutthisan Winitchai Rd

Lat Phrad Rd

Vibhavadi-Rangsit Rd

Express Way

Din Daeng Rd

Phloen Chit Rd

Ratchadamri Rd

Sarasin Rd

Henry Dunant Rd

Phetburi Rd

Si Ayutthaya Rd

Thoet Damri Rd

Pradiphat Rd

Rama VI Rd

Amnuay Songkhram Rd

Nakhon Chaisi Rd

Sukhothai Rd

Ratchawithi Rd

Si Ayutthaya Rd

Nakhon Sawan Rd

Lan Luang Rd

Rama I Rd

Phaya Thai Rd

Charoen Krung Rd

Somdet Phra Chao Praya Rd

Lat Ya Rd

Charoen Rat Rd

Krung Thonburi Rd

Charoen Nakhon Rd

Itsaraphap Rd

Phet Kasem Rd

Somdet Phra Chao Taksin Rd

N

心情手札

為了7-11的打拋肉便當，
我們錯過了班機，也可惜了美食；
旅行過程中，把握彼此的當下瞬間才是快樂，
即便只是為了一個便利商店的
便當而付出昂貴的代價，
這些都是美好的回憶，也是旅行的意義。

記錄屬於你的心情手札：

....

....

....

....

....

....

....

....

....

....

....

旅遊黃頁簿 Information

簽證

一般觀光簽證

本國人前往泰國旅遊需辦理簽證，須準備有效期限6個月以上護照、身份證影本、申請表、2吋最近照片一張，單次觀光申請費用新台幣1,100元。

停留期間為首次入境之停留效期30天，若需延長須加簽，最多可延長1個月，並再延2星期。

落地簽證

旅客前往泰國另可直接在當地機場辦理落地簽證，需準備以下資料：

■須符合適用落地簽國家之國籍人士，國籍跟護照須是同一個國家。

■護照正本，有效期間包含在泰停留15天內，最少須超過6個月以上。停留期限不得超過15天。

■請出示已確認之自抵泰日起算，15天內回程機票。

■明確的住宿地點，飯店須有訂房資料，或在泰期間地址。

■最近6個月內拍攝之照片4x6公分乙張，若未準備，可在櫃台旁攝影站拍攝。

■落地簽證費用每人泰銖1,000元(約台幣1,000元)，只接受泰銖，可在櫃台附近外匯兌換處兌換。

■旅客須出示在泰期間足夠之生活費。每人至少泰銖1萬元、每一家庭至少泰銖2萬元。

■填寫簽證表格及完整之入、出境表格。

以上資料如有任何一項不符規定，或是被泰國政府列入黑名單者，簽證官有權利不發給簽證，並馬上遣返回國。

辦理資訊：

地點：泰國貿易經濟辦事處(台北市松江路168號12樓)

電話：(02)2581-1979

時間：09:00～11:30

＊以上簽證相關事項如有變動，以泰國駐華貿易經濟辦事處現行公告為準。

當地交通

以省錢與便利性為主要選項的話，計程車或是嘟嘟車就已經可以刪除了，原因在於這些交通工具的價格真的是貴得離譜，有些計程車還會自動跟你加服務費，如將要找的零錢當成服務費，而這也是許多人到泰國的共同經驗。

如果要從國際機場到曼谷市區，可以選擇近期才開通的機場快捷(路線圖見P.147)，然後再轉BTS(Bangkok Mass Transit System曼谷軌道交通系統)到市區，不但非常方便，花費也比搭乘計程車便宜許多。

■**計程車：**到入境大廳後，往1樓的方向

走，看到「Public Taxi」的招牌就是搭乘計程車的地方。上車前最好先確認你手上有目的地的泰文與英文名稱，再直接秀給計程車司機看，避免計程車司機不懂英文或搞錯地點。

另外，最好準備足夠的零錢，因為有些司機不找零，或是會加收服務費(包括約泰銖50元的排班費用)；而在高速公路上的過站費用也須由乘客吸收。

從曼谷機場到市區，單趟計程車跳錶費用約泰銖400元，需50～60分鐘。

■機場快捷：從入境大廳到B1，就會看到機場捷運站，可搭乘Express Line直達車(時間約15分鐘)或City Line區間車(時間約30分鐘)，前者車資泰銖150元、後者泰銖15～45元。

■BTS(Bangkok Mass Transit System曼谷軌道交通系統)：若在曼谷需待些時日，建議可以買一日票(One-Day Pass，泰銖120元)，或是15、25、35、45日不等的成人優待票，價格分別為泰銖345、550、735、900元；另有販售兒童票。

■15人座私人小巴士：從曼谷機場搭乘機場捷運到勝利紀念碑站(約30分鐘左右)，於Central Movie Plaza(中央電影廣場)百貨公司旁的巴士站轉搭15人座小巴士，沒有固定班次，一定人數即可開車，且巴士會在中途站載其他乘客，費時3小時左右可抵華欣，價格約泰銖180元(會依當時物價變動改變)。

■華欣區15人座私人小巴士：外型與15人座私人小巴士相同，唯體積較小。搭乘處位於華欣泰國觀光局對面，可到曼谷、芭達雅、七岩……等地。

華欣私人巴士站

■嘟嘟車：由摩托車改裝的帳棚式交通工具，有2人座、10人座……等不同車型，採隨機叫車的方式。票價通常是上車時詢問司機而定，故建議事先多徵詢當地人或是觀光客約略行情，覺得太貴就不要搭乘，免得當冤大頭。

■汽機車租賃：由於華欣當地的大眾運輸工具不是很方便，區域性的交通工具幾乎沒有太多選擇，因此建議出國前先準備好國際駕照，以便在當地租機車或汽車。租車前請務必確認還車時間與車子所使用的油料。

費用：輕型機車每台每天約泰銖300元、汽車每台每天約泰銖1000元(須視車種大小而定)。

旅遊黃頁簿 Information

氣候

泰國屬熱帶性氣候，常年氣溫在19～38℃間，平均氣溫約28℃，濕度變化為66～82.8％。全年三季分明：3～5月為夏季、6～9月是陽光充沛的雨季、10～翌年2月為清涼季節。

曼谷最涼爽的氣溫平均為17度，最熱為4月，約38度。

語文

大部分泰國人會使用英文做主要國際商務往來的語言工具。在主要旅遊區，大部分酒店、商店及餐廳內，英文及其他歐洲語文都可通行無阻，且全國各地的道路均豎立了泰文及英文對照的標誌。

泰語是五聲音階語言，屬於「加泰」(Ka-Tai)語言組合，包括了緬甸的「善」(Shan)和「昆」(Khun)以及越南的「托」(Tho)。泰國有5種主要方言，而中部方言除了被應用在文學寫作外，在曼谷還被廣泛使用在日常交談。

禮儀

生性寬厚、溫和有禮的泰國人在見面時不是握手說哈囉，而是合掌說聲「沙娃滴卡」。這種合掌問候方式在泰語稱為「威」(Wai)。做法是把雙手提到胸前，雙掌合併但不貼合，猶如在掌心握著一片棉花，而這時的雙手形狀就有如一朵含苞待放的蓮花。

在不同的場合，面對不同的人或事時，「威」的做法便會有所不同。例如向同輩問好時，合掌後指尖不高過下巴；在對長輩行「威」禮時，須低頭讓指尖輕觸鼻尖；尊貴的對象，如向德高望重的長輩表示尊敬時，則把雙掌抬高至額頭。泰國人遇到僧侶或象徵佛陀的佛像，都會下跪、合掌，並以額頭觸地膜拜。

一般遇到同輩向他們「威」時，泰國人都會以「威」禮回報。但若是晚輩向長輩「威」時，長輩是不須回「威」的，有些只以點頭或微笑回應。此外，僧侶、皇親貴族也不會在人們向他們「威」後回「威」禮。

「威」不只是泰國人打招呼的方式，也是表示尊敬的舉止。來到泰國學會這一招，保證一路暢行無阻！

時差

泰國一般使用佛曆，即以佛祖釋伽牟尼圓寂後一年為紀元之始，比世界通用的西曆早543年(即西元2011年為佛曆的2554年)。泰國時間比格林威治標準時間早7個小時，比台灣時間晚1小時，因此在泰國時要將手表時間撥慢1小時。

國定假日

潑水節

元旦：1月1日
萬佛節：泰曆3月15日(國曆2月)
卻克里王朝開國紀念日：4月6日
潑水節：4月13日
勞動節：5月1日
泰王登基紀念日：5月5日
春耕：5月滿月(一整個月，確切日期每
年由王室選定)
守夏節：7月滿月(一整個月，確切日期由
泰國政府提前頒布)
皇后誕辰(母親節)：8月12日
五世王紀念日：10月23日
國王誕辰(父親節)：12月5日
憲法紀念日：12月10日
除夕：12月31日
＊中國農曆新年並非公休日，但許多商店
會歇業4天。

供電

　　插座的規格為220伏特，可接受平針
式插頭。因為許多插座不接受3針式接地
插頭，所以最好攜帶轉接器或可在泰國當
地百貨公司購買。

航程

　　台灣至泰國，由桃園中正機場到泰
國曼谷機場，飛航時間約3小時左右。

貨幣

　　泰國貨幣單位為「銖」，貨幣代
碼「THB」。紙幣有5、10、20、50、
100、500、1,000銖7種，另外還有輔
助貨幣－薩當(另一種計價方式的泰國貨
幣)，有5、10、 25、50元4種面額。此
外，還有1、5、10銖的鑄幣(硬幣)。
匯差：台幣對泰銖的匯率約為1:0.97163

泰銖1元

曼谷與華欣的旅遊諮詢機構

■泰國觀光局曼谷辦事處TAT
(Tourism Authority of Thailand)
Tourist Information Centers Head Office
可提供當地旅遊服務諮詢與免費資料。
地址：1600 New Phetchaburi Road, Makkasan Ratchathewi, Bangkok 10400, Thailand
電話：+(66)2250-5500
傳真：+(66)2250-5511
E-mail：info@tat.or.th
網址：www.tourismthailand.org
時間：08:30～16:30

■泰國觀光局華欣辦事處
Tourism Authority of Thailand,
Prachuap Khiri Khan Office
可提供當地旅遊服務諮詢與免費資料。
地址：39/4 Phetkasem Road, Tambon Nong Kae, Amphoe Hua Hin, Prachuap Khiri Khan 77110, Thailand
電話：+(66)3251-3885、3251-3854
傳真：+(66)3251-3898
E-mail：tatprachuap@tat.or.th
網址：www.ttourismthailand.org/prachuapkhirikhan
時間：08:30～16:30

■Tourst Police觀光警察諮詢服務站
　各個主要觀光景點都設有觀光警察駐點諮詢服務站，是泰國政府專門為遊客所設立的機構，能24小時提供在地的旅遊資訊、急難事件處理……等服務。
　筆者認為這項服務能解決一般遊客找不到諮詢與求助對象的困擾，相當便利與人性化。
總部地址：3/2 Damnern Kasem Rd. Hua-Hin District Prachuap Kiri-Khan Province, 77110, Thailand
網址：www.huahintpd.go.th
旅遊服務協助時間：24小時

■曼谷觀光警察分站

位置：位於泰國觀光局TAT(Tourism Authority of Thailand)總部的觀光課，位置就在曼谷市區Chakrawatdiwongse路轉角的Rajdamnern大道上

電話：+(66)2282-1144分機515

■華欣Clock Tower觀光警察分站

位置：各飯店接泊車主要停車處，位在華欣主要幹道Petch Kasem Rd.與Naebkeharst Rd.的交叉點

電話：+(66)3251-6219、1155(當地電話或手機直撥)

常用電話

強烈建議觀光客遇到任何問題時可直撥觀光警察的電話，主要是因為當地醫院或警察局的人不一定會說英文，反而會造成求救上的困難。因此，只要直撥1155的24小時服務專線，泰國觀光警察會立即幫你處理問題，免除對於當地陌生環境的恐懼感。

■曼谷報案電話：191

■Hua Hin Police Station(華欣警察局)

電話：+(66)3251-1027、3253-3440

■Hua Hin Hospital(華欣醫院)

電話：+(66)3252-2406

市集文化

來泰國，除了百貨公司之外，最具魅力誘惑的莫過於他們的市集文化，這是個容易讓人血脈噴張的地方，是集泰國所有特色產品與河道文化之處。

以販賣的商品來說，泰國絲綢、曼谷包、飲食……等是最基本的元素，如曼谷知名的扎多扎週末市集(Chatuchak Weekend Market)就屬於密集型的商場市集，較商業化，卻也欠缺了一些文化內涵。若是能結合特定時間加上河道環流特色的市集，就比較有文化深度，除了販賣商品外，還能看到地方的建築、人文、美食之美，讓大家逛市集時，同時深入了解當地的人文特色，華欣的Amphawa安帕瓦水上週末市場就是這一類型，能逛市集，還能欣賞河道之美與充滿古樸氛圍的木造建築，十分浪漫。

扎多扎市集

＊部分資料提供：泰國觀光局台北辦事處TAT

手指泰文

中文	英文拼音	泰文
是(一般用法)	chai	ใช่
不是(一般用法)	mai	ไม่
謝謝	khop khun khrap	ขอบคุณครับ
早中晚(安)	sa wat dee	สวัสดี
妳／你好(語助詞)	saw at dee(ka)	สวัสดี
再見	am laa	อำลา
對不起	siia daai	เสียดาย
按摩	nuaat	นวด
很冷	yen yen	เย็นๆ
冰	nam khaeng	น้ำแข็ง
熱	raawn	ร้อน
多少錢	thao rai	เท่าไหร่
下車	lohng	ลง
太貴	phaaeng bpai	แพงไป
打折(折扣)	suaan loht	ส่วนลด
電話	thöh ra sap	โทรศัพท์
網路	in dtuuhr net	อินเทอร์เน็ต
機場	sa naam bin	สนามบิน
郵局	thee tham gaan bprai sa nee	ษณีย์
警察局	sa thaa nee dtam ruaat	สถานีตำรวจ
泰銖	baat	บาท
白飯	khaao	ข้าว
吃飯	gin	กิน
茶	chaa	ชา
啤酒	biia	เบียร์
泰式酸辣湯	dtohm yam goong	ต้มยำกุ้ง

中文	英文拼音	泰文
水	naam	น้ำ
辣椒	phrik	พริก
檸檬	ma naao	มะนาว
椰子	ma phraao	มะพร้าว
酸	briew	เปรี้ยว
甜	waan	หวาน
苦	khohm	ขม
辣	phet	เผ็ด
鹹	khem	เค็ม
雞	gai	ไก่
豬	muu	หมู
牛	wuaa	วัว
羊	gae	แกะ
魚	bplaa	ปลา
蝦	goong	กุ้ง
0	suun	ศูนย์
1	neung	หนึ่ง
2	saawng	สอง
3	saam	สาม
4	see	สี่
5	haa	ห้า
6	hohk	หก
7	jet	เจ็ด
8	bpaaet	แปด
9	gaao	เก้า
10	sip	สิบ

世界主題之旅
72

曼谷後花園：華欣泰享受

作　　者　余能炘
攝　　影　余能炘

總 編 輯　張芳玲
書系主編　張敏慧
特約編輯　洪釧瑜
美術設計　卓貞秀
地圖繪製　蔣文欣

太雅出版社
TEL：(02)2836-0755　FAX：(02)2831-8057
E-MAIL：taiya@morningstar.com.tw
郵政信箱：台北市郵政53-1291號信箱
太雅網址：http://taiya.morningstar.com.tw
購書網址：http://www.morningstar.com.tw

發 行 所　太雅出版有限公司
　　　　　行政院新聞局局版台業字第五○○四號

承　　製　知己圖書股份有限公司 台中市40768工業區30路1號
　　　　　TEL：(04)2358-1803

總 經 銷　知己圖書股份有限公司
　　　　　台北分公司 台北市10646羅斯福路二段95號4樓之3
　　　　　TEL：(02)2367-2044 FAX：(02)2363-5741
　　　　　台中分公司 台中市40768工業區30路1號
　　　　　TEL：(04)2359-5819 FAX：(04)2359-5493
　　　　　郵政劃撥　15060393
　　　　　戶　　名　知己圖書股份有限公司

廣告刊登　太雅廣告部
　　　　　TEL：(02)2836-0755　E-MAIL：taiya@morningstar.com.tw
初　　版　西元2011年10月10日
定　　價　290元
(本書如有破損或缺頁，請寄回本公司發行部更換；或撥讀者服務專線04-23595819)

ISBN 978-986-6107-33-7
Published by TAIYA Publishing Co.,Ltd.
Printed in Taiwan

國家圖書館出版品預行編目(CIP)資料

曼谷後花園：華欣泰享受 / 余能炘著.攝影.
– 初版. – 臺北市：太雅, 2011.10
面；　公分. – (世界主題之旅：72)
ISBN 978-986-6107-33-7(平裝)

1.旅遊　2.泰國曼谷

738.2719　　　　100017091

這次購買的書名是：

曼谷後花園：華欣泰享受 (世界主題之旅72)

* 01 姓名：＿＿＿＿＿＿＿＿＿＿＿ 性別：□女 □男 生日：民國 ＿＿＿＿＿ 年

* 02 您的電話：＿＿＿＿＿＿＿＿＿＿＿＿＿＿＿＿＿＿＿

* 03 E-Mail：＿＿＿＿＿＿＿＿＿＿＿＿＿＿＿＿＿＿＿＿＿

* 04 地址：□□□□＿＿＿＿＿＿＿＿＿＿＿＿＿＿＿＿＿

05 您的旅行習慣是怎樣的：
　　□跟團　　　　　□機＋酒自由行　　□完全自助
　　□旅居　　　　　□短期遊學　　　　□打工度假

06 您的旅行預算每次通常控制在多少金額(新台幣)：
　　□20,000以內　　□20,000～35,000　□35,000～50,000
　　□50,000～70,000　　□70,000以上

07 您通常規劃多少天數的旅行：
　　□3～4天　　　□5～6天　　　□7～10天　　　□2週
　　□1個月　　　□45天左右　　□2個月以上

08 您最近3次前往旅行的地方分別是(空格處請填寫城市)：
　　□台灣　　　　　　　　□日本＿＿＿＿＿　　□韓國＿＿＿＿＿＿＿
　　□中國大陸＿＿＿＿＿＿＿＿＿　□美國＿＿＿＿＿＿＿＿＿
　　□加拿大＿＿＿＿＿　□歐洲＿＿＿＿＿　□東南亞＿＿＿＿＿＿
　　□紐西蘭＿＿＿＿＿　□澳洲＿＿＿＿＿　□度假小島＿＿＿＿＿
　　□其他＿＿＿＿＿＿＿＿＿＿＿＿＿＿＿

09 您通常跟怎樣的旅伴一起旅行：
　　□父母　　　　□另一半　　　□朋友2人行　　□跟團
　　□親子　　　　□自己一個　　□朋友3～5人

10 在旅行過程中最讓你困擾的是：
　　□迷路　　　　□住宿　　　□餐飲　　　□買伴手禮
　　□行程規劃　　□語言障礙　□突發意外

11 您需要怎樣的旅館資訊：
　　□星級旅館　　□商務旅館　　□一般旅館　　□民宿
　　□青年旅館　　□搭配機票套裝行程的旅館

12 你覺得本書還有哪些資訊需要加強會更好：
　　□行程規劃　　□景點　　　□住宿　　□購物逛街
　　□餐飲　　　　□貼心提醒　□地圖　　□教戰守則

13 本書甚麼資訊讓你滿意、覺得貼心：
　　□行程規劃　　□景點　　　□住宿　　□購物逛街
　　□餐飲　　　　□貼心提醒　□地圖　　□教戰守則

14 您對本書規格的感覺是：
　　□太厚　　　□尺寸太大　　□剛好　　□字體閱讀不便
　　□太重　　　□尺寸太小　　□完美

15 計畫旅行前，您通常會購買多少本參考書：＿＿＿＿＿＿本

16 您最常參考的旅遊網站、或是蒐集資訊的來源是：

＿＿＿＿＿＿＿＿＿＿＿＿＿＿＿＿＿＿＿＿＿＿＿＿＿

17 您習慣向哪個旅行社預訂行程、機票、住宿、或其他旅遊相關票券：

＿＿＿＿＿＿＿＿＿＿＿＿＿＿＿＿＿＿＿＿＿＿＿＿＿

填表日期：＿＿＿＿年＿＿＿＿月＿＿＿＿日

讀者回函

掌握最新的旅遊與學習情報，請加入太雅出版社「旅行與學習俱樂部」

很高興您選擇了太雅出版社，陪伴您一起享受旅行與學習的樂趣。只要將以下資料填妥回覆，您就是「太雅部落格」會員，將能收到最新出版的電子報訊息！

填問卷，送好書

凡填妥問卷(星號 * 者，必填)，前1,000名寄回、或傳真回覆問卷讀者，即可獲得太雅出版社「Hands生活手創」系列書籍《一對》或《迷你》一本。

活動時間為2011/01/01～2011/12/31，寄書先後順序以郵戳為憑。

二選一，請勾選

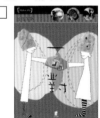

太雅部落格
http://taiya.morning
star.com.tw

黏貼裝釘處(請勿使用釘書針)

- - -(請沿此虛線壓摺)- -

| 廣　告　回　信 |
| 台灣北區郵政管理局登記證 |
| 北 台 字 第 1 2 8 9 6 號 |
| 免　貼　郵　票 |

太雅出版社　編輯部收

台北郵政53-1291號信箱
電話：(02)2836-0755
傳真： **(02)2831-8057**
(若用傳真回覆，請先放大影印再傳真，謝謝！)

- - - - - (請沿此虛線壓摺) -

(請沿此虛線裁剪)